本书出版得到文化名家暨"四个一批"人才项目、浙江省"万人计划"人文社科领军人才项目、浙江大学一流骨干基础学科建设计划、杭州市上城区政府的资助

# 中国城市街道
# 与居民委员会

## 档案史料选编

（第十册）

1996—2000

毛　丹◎主编

陈　军　任　强　哈　雪◎副主编

ZHEJIANG UNIVERSITY PRESS
浙江大学出版社

# 主编单位

## 中国社区建设展示中心

中国社区建设展示中心是民政部批准建立，集史料陈列、文物展示、理论研究、文献收藏、社区实务于一体的社区建设专题类展览馆。建成于 2009 年 12 月 21 日，经过 10 年发展，中国社区建设展示中心已发展成为中国社区建设的历史课堂、研究基地、实践样板和对外窗口。中国社区建设展示中心由基层组织历史厅、社区建设发展厅、社区治理成果厅、"左邻右舍"社区治理创新园等展馆组成，全方位展示了我国社区建设的历史演进、发展现状和地方经验。

## 民政部—浙江大学全国民政政策理论研究基地

民政部—浙江大学全国民政政策理论研究基地以浙江大学城乡社区研究团队为基础，在民政部政策研究中心、基层政权与社区建设司以及浙江省民政厅的指导帮助下，致力于农村社区建设与乡村振兴研究、城市社区建设与城市社会治理体系研究、地名文化研究。基地秉承"服务浙江、辐射全国"的发展理念，关注浙江及全国其他地方的城乡社区、社会治理重大理论与实践问题，形成了一批立足于实践发展的民政政策与理论成果。

# 丛书说明

　　20 世纪 50 年代初以来，我国的街道和居民委员会（以下简称居委会）长期承担基层管理和组织城市基层社会的功能，形成了我国独特的城市社会样态。居委会与基层社会是理解中国社会不可或缺的视窗。改革开放后，社区建设与基层社会治理的重要性日渐突出，居委会、社区、基层社会的性质与功能、理论与实践都经历了更为复杂的变迁。系统整理、研究居委会与城市基层社会的历史档案资料，对于理解我国基层社会的变迁，研究其发展方向，提升社区治理现代化水平，当有独特的价值。

　　民政部—浙江大学全国民政政策理论研究基地与中国社区建设展示中心自 2010 年开始酝酿本丛书。近十年来，在民政部支持下，我们以 1949 年至 2000 年为时限，征集、收集了有关街道和居委会工作的档案资料，包括中央和地方的重要政策文件、工作报告、工作记录以及一部分重要的报刊资料等 1000 多种。现在，我们从中选择部分档案资料汇编成第一辑共 10 册。这里对收录的内容作几点说明：

　　1.《中国城市街道与居民委员会档案史料选编》系自中华人民共和国成立以来首次对全国范围内城市街道与居委会档案史料进行整理和编选，由民政部—浙江大学全国民政政策理论研究基地和中国社区建设展示中心合作完成。

　　2. 主要依据文献的学术研究价值和实践意义进行筛选，收录发布时间最早及内容最完善的资料，文献内容包括但不限于城市和街道居委会的设立过程、制度建设、组织完善及各项具体工作的计划和成果报告，以及相关报道和研究。

　　3. 编印按照原件发表时间排序，时限为 1949 年至 2000 年，1949 年前的相关资料收录于附录中。个别年份（1967 年至 1970 年，1974 年）因档案未解密或搜集到的资料质量不佳等原因未予收录。

　　4. 早期城市街道和居民委员会工作人员提交的部分报告和工作记录中存在较多明显的别字和语病，为方便读者阅读，编者在不改变原义的前提下进行了校订，文中不再一一指出。对文中出现的方言、惯用语和生僻词等，则以脚注形式进行说明。

5. 由于档案文献有政策文件、工作报告、新闻报道、期刊论文等多种形式,标题格式不一,为便于读者检索,编者重拟了部分档案文献的标题,并将原标题列于脚注中。丛书按通行的书籍格式横版排编,资料来源加"【】"标注;无法辨析的文字,用"□"标注。

6. 档案原件主要来源于中央及各地方的档案馆、各地民政相关部门,少量来自政府工作网站。所用资料均经过核实,资料的出处标于篇末。

7. 为科学客观反映我国基层社会变迁,编者保留档案文献中反映各时期政治过程在基层社会影响的内容,希望读者正确鉴别。

《中国城市街道与居民委员会档案史料选编》编委会

2019 年 6 月

# 目　　录

**1996** ………………………………………………………………… 1

杭州市江干区南星街道关于实行居委会达标奖励制度的通知 ………… 3

杭州市上城区小营街道田家园居委会加强居民区工作 ………………… 4

杭州市江干区南星街道关于要求撤销宝善弄等七个居委会及新建新工

　　新村居委会的报告 ……………………………………………………… 7

转发区民政局《杭州市上城区自治示范居民区评比条件及考核办法》的

　　通知 ……………………………………………………………………… 8

杭州市民政局关于市级示范居民委员会工作检查情况的通报 ………… 11

杭州市上城区涌金街道建立领导班子成员联系居民区制度 …………… 15

转发杭州市江干区委组织部、区民政局《关于居民区党支部、居委会换届

　　工作请示》的通知 ……………………………………………………… 16

杭州市江干区紫阳街道关于撤销凤山门居民区的请示 ………………… 20

杭州市上城区横河街道关于提高在职居委会干部津贴和对离退职居委会

　　干部实行补贴的决定 …………………………………………………… 21

杭州市江干区南星街道关于居民区党支部、居委会换届工作的实施意见

　　…………………………………………………………………………… 23

杭州市上城区涌金街道关于居民委员会换届的通知 …………………… 25

杭州市上城区政府重视做好居民区的计划生育工作 …………………… 28

印发《杭州市上城区人民政府关于落实新建小区居委会配套用房的意见》

　　的通知 …………………………………………………………………… 29

关于印发杭州市《江干区人民政府南星街道办事处依法治街五年规划

　　（1996—2000 年）》的通知 …………………………………………… 32

杭州市上城区紫阳街道居委会换届选举工作总结 ……………………… 37

转发杭州市上城区计生局《关于开展创建计划生育合格居委会的意见》的

　　通知 ……………………………………………………………………… 40

杭州市上城区紫阳街道依法加强居委会建设促进"三自"作用的发挥 …… 42

杭州市上城区紫阳街道民政科 1996 年度工作总结 …………………… 45

**1997** ……………………………………………………………………………… 49

上海市街道办事处条例 ……………………………………………………… 51

关于印发《杭州市先进街道标准》《杭州市示范居民委员会标准》的通知 … 54

杭州市上城区关于印发《执法责任制》和《依法治理居民区考核实施办法》

　　（试行）的通知 ………………………………………………………………… 59

上海嘉定区居民会议制度实施办法 ………………………………………… 62

关于印发《中共杭州市上城区湖滨街道工作委员会、杭州市上城区湖滨街道

　　办事处职能配置、内设机构和人员编制方案》的通知 …………………… 65

杭州市上城区横河街道办事处扶助残疾人的规定 ……………………… 69

**1998** ……………………………………………………………………………… 71

关于提请审议《杭州市实施〈中华人民共和国城市居民委员会组织法〉

　　办法（草案）》的议案 …………………………………………………………… 73

杭州市上城区关于同意确定国家公务员非领导职务数设置的批复 ……… 79

杭州市上城区紫阳街道动员居民群众参与社区建设 ……………………… 80

杭州市上城区人民政府涌金街道办事处的组织沿革 ……………………… 83

杭州市上城区"示范居民区文化室""合格居民区文化室"考核标准 ……… 90

浅析街道经济如何向社区经济转轨 ………………………………………… 92

**1999** ……………………………………………………………………………… 95

杭州市上城区关于居委会改革调整试点工作情况的汇报 ………………… 97

杭州市上城区南星街道关于要求建造社区服务网点的请示 …………… 102

杭州市上城区关于同意南星街道办事处建造社区服务用房的批复 …… 103

杭州市上城区人大常委指导街道搞好居委会改革调整工作 …………… 104

杭州市关于街道（乡镇）城市综合管理监察队工作人员和居委会专职工作

　　人员劳动和社会保障有关问题的意见 …………………………………… 106

转发杭州市上城区民政局《关于在全区居委会推行居务公开制度的意见》

　　的通知 ………………………………………………………………………… 109

杭州市上城区闸口街道印发《关于加强居委会建设的若干规定》的通知

　　……………………………………………………………………………………… 112

杭州市上城区望江街道关于调整居委会经济收入分配的规定（试行）…… 116

**2000** ………………………………………………………………… 119

杭州市上城区城站街道办事处领导班子、领导干部思想政治教育活动
　　方案 …………………………………………………………… 121

杭州市上城区关于城站街道办事处要求建设城站社区服务中心的请示
　　……………………………………………………………………… 125

杭州市关于同意城站街道办事处建设城站社区服务中心的批复 ……… 126

杭州市上城区闸口街道办事处主任办公会议议事规则 ………………… 127

杭州市上城区关于开展身系岗位、心系群众、情系社区、争创群众满意
　　居委会和满意居委会干部的通知 ………………………………… 128

杭州市上城区关于城站街道办事处将原建国南路 98 号城站幼儿园改建
　　为街道社区服务中心,要求减免人防费用的报告 ……………… 131

中共中央办公厅、国务院办公厅关于转发《民政部关于在全国推进城市
　　社区建设的意见》的通知 ………………………………………… 132

杭州市上城区城站街道关于选派、招聘、选聘社区居委会干部的若干
　　规定 ………………………………………………………………… 139

**附录 1　1949 年前的相关文献** …………………………………… 142

　　嫩南行政公署关于改造街村政权的指示 ………………………… 142

　　嫩南行政公署关于彻底改造政权刷新领导作风的通令 ………… 145

　　于毅夫主席在嫩江省临时参议会上关于民主建设工作的报告 … 147

　　关于哈尔滨市政权建设和除奸保卫工作 ………………………… 149

　　中央关于注意总结城市工作经验的指示 ………………………… 151

　　哈尔滨市关于加强工人运动的指示(草案) …………………… 153

　　哈尔滨市委关于改造与建设街村政权的指示 …………………… 156

　　长春市府明令公布废除蒋匪保甲制度更改各区名称 …………… 160

　　冯仲云在哈尔滨县书扩大会上关于建政工作的报告 …………… 161

　　唐山市接收管理委员会关于接收保管工作的初步总结 ………… 168

　　长春市各区废保甲制相继建街政权 ……………………………… 178

**附录 2　首部介绍居民委员会的专著** …………………………… 179

# 1996

# 杭州市江干区南星街道
## 关于实行居委会达标奖励制度的通知<sup>①</sup>

南街办〔1996〕3 号

各居委会：

为进一步鼓励居委会自治达标工作的开展,更好地发挥居委会的"三自"作用,鼓励居民干部的积极性,经研究决定,自 1996 年起实行居委会自治达标奖励制度,具体奖励方法如下:

一、对于创一级自治达标的居委会,街道年终给予一次性奖励。

二、对于创二级自治达标的居委会,街道同意该居委会从办公费中列支500 元给予奖励。

三、对于创市级示范的居委会,街道年终给予一次性奖励人民币 300 元整,并同意该居委会从办公费中列支 500 元给予奖励。

对于市级示范复验合格的居委会。街道同意该居委会从办公费中列支500 元给予奖励;复验不合格的,年终从居干收入中罚款 300 元整(罚款上交街道)。

四、对于创区级示范的居委会,街道同意该居委会从办公费中列支 500 元给予奖励。

对于区级示范复验合格的居委会,街道同意该居委会从办公费中列支300 元给予奖励;复验不合格的,年终从居干收入中罚款 200 元(罚款上交街道)。

杭州市江干区南星街道办事处

1996 年 1 月 15 日

【由杭州市上城区档案馆提供】

---

① 原文标题为《关于实行居委会达标奖励制度的通知》。

# 杭州市上城区小营街道田家
# 园居委会加强居民区工作[①]

　　去年 11 月下旬在区委、区政府召开的全区居民区工作会议结束时,小营巷街道田家园居委会主任金爱华就居委会工作所碰到的一些现实问题向分管副区长递交了几点看法。也正是带着这些问题,笔者最近抽空走访了金爱华同志,请她畅所欲言。下面是金爱华所谈的几个主要问题以及笔者的几点想法。

　　(访谈所录)

　　1. 居委会的公建配套用房问题

　　"我们居委会原先有一间 12 平方米的房间作为办公室,因为街道搞健康教育,要求每个居民区都有一个康复站,我们就把那间办公室腾出来建了康复站。当时街道和房管部门都答应在马市街小区的公建配套用房中给我们 30 平方米(2 间)作办公室和活动室。但去年 9 月份,实际分配时只给了我们一间(17 平方米左右)办公用房。尽管现在的办公用房比过去有所扩大,但在可以改善的条件下没有给我们更多的改善。现在小区的公建配套用房一共有 7 间,其中街道城管 2 间(1 间出租),下马居委会 1 间(出租),我们 1 间,小营房管 3 间(2 间空的,1 间作鸟龙小区仓库)。在这种情况下,完全可以实现当初答应的给 2 间房的诺言。再有一间的话,可以搞一个老年活动室。我们这里有好几幢省市机关的宿舍楼,离退休干部多,他们对建老年活动室的需求很迫切。目前这样的状况,我们无能为力。希望有关部门帮助我们落实一下配套用房问题。"

　　2. 职能部门及时为居委会排忧解难问题

　　"我们居民区同房管、环卫打交道比较多。说实话,我们居民干部到那里去办点事,所长、站长对我们都很客气的,当着我们的面对下面交办任务。但我们回去后,一等又得等好几天,原因是下面具体经办的同志比较拖。去年创

---

　　① 　原文标题为《从走访田家园居委会看如何加强居民区工作》。

卫时,有一个垃圾箱的站要修一修,不知催了多少次,直到第2天要检查时,才急匆匆地来修;有时化粪池的盖子破了,也要多次催促,才能补上。去年5月,我们在黄醋园的一间20多平方米的会议室要修墙堵漏,结果也是在交了200元修理费后才来修。我们希望职能部门的领导能教育下面的职工及时为居委会排忧解难,多为我们办些实事。"

3.居委会和小区管理机构的关系问题

"我们这里有个马市街小区,小区又分属两个居民区,一半属我们田家园居民区,另一半属下马居民区。小区成立了管委会,主要是管搭建,其他不管。小区内的卫生、治安等方面出了问题,从上级机关到居民群众,首先找的也是居委会。但由于我们不能参与小区管理,有些事很难负起责任。如自行车棚是小区管委会搭建并管理的,但无专人看管,经常失少自行车。失主找到我们,我们只能让他们去找管委会。但小区内的日常工作,基本上是由居委会承担的。居委会和小区管委会的职责不明、关系不顺,终究不是长远之计,急需解决。"

4.居委会的经济问题

"我们居民区原先有100多平方米的房子办店,后来拆迁时,由于拿不出证明不能补偿。现在我们在街头共有6家小店(饮食3家,茶糖、服装、理发各1家),每年收点租赁承包费。去年我们一共收了4万多元,其中40%上交街道,余下的2.4万元基本上贴到人头费和各项活动开支上。居委会的开支逐年增大,而办企业又受到很多限制,收入增加有限。居委会每年基本吃光用光,对居委会的建设不利。"

(几点想法)

田家园居委会所面临的问题和反映的想法、要求,也是其他不少居委会的想法,具有较强的代表性。笔者在田家园居民区的所见所闻,强烈感受到现在居民区的工作绝不是"婆婆妈妈"几个字可以涵盖的,居委会所起的作用,其实是政府职能的延伸;居委会工作做得好与坏,直接影响到街道和城区的"两个文明"建设工作。为此,形成几点想法供参考:

第一,抓好区委、区政府文件精神的贯彻落实。去年11月后,区委、区政府又联合制订了关于进一步加强居民区工作的意见,从思想观念、自身建设、发挥作用、支持配合等方面对全区各个方面提出了要求,受到了街道和居委会的好评,认为是历年来区委、区政府对居民区表述得最为全面的一个文件。因此,今年要对这个文件精神的贯彻抓一次检查,看看哪些方面还未贯彻落实,哪些在贯彻时打了折扣,哪些贯彻得比较好;对有些应该落实但尚未落实,且已经影响到居委会工作和活动开展的,要逐一抓好落实。在抓文件精神的贯彻落实中,主要应发挥街道的作用,及时向区委、区政府反映问题,并针对存在的问题提出建设性的解决办法,使之在抓落实当中做到有的放矢。

第二,居委会在小区管理中应发挥作用。居委会对本居民区各方面的工作,包括一些方面的管理,同有关部门对住宅小区的管理本来应该是一致的。由于管理体制上的问题,居委会不插手小区管理但又要对本地居民负有责任,小区管理机构想把小区管起来,但又力不从心。因此,在没有全面推行住宅小区物业管理之前,小区管理工作应把当地居委会的优势和小区管理机构的优势结合起来,形成一种新的、不同于先前的小区管理模式。因此,居委会应该参与当地的小区管理,并逐步向物业管理过渡。

第三,进一步壮大居办经济。居委会要办一点事情,没有居办经济不行。靠居委会自身的力量办经济存在着发展慢、行业散、网点少、管理弱的问题。要进一步壮大居办经济,应当跳出原有的思维模式,也要走规模之路。可以在一个街道的范围内,将各个居委会所办的第三产业网点,按不同的行业搞成不同的连锁经营,甚至还可以进行跨街道的连锁。如果居办经济在这方面有所突破,必将大大加强居委会的经济实力,所办的连锁网点也将给广大居民带来实惠。

1996 年 1 月 23 日

【摘自《上城政务参阅》第 1 期(总第 83 期)上城区人民政府办公室编印由杭州市上城区档案馆提供】

# 杭州市江干区南星街道关于要求撤销宝善弄等
# 七个居委会及新建新工新村居委会的报告①

南街办〔1996〕5 号

江干区人民政府:

　　随着复兴改造和抗咸工程②的实施,我街道宝善弄等 7 个居委会已名存实亡。为便于街道管理,明确职责,充分发挥居委会的"三自"作用,经街道研究,要求撤销宝善弄居委会、铁路边居委会,并入南凤段居委会;撤销候潮居委会,并入太平居委会;撤销车站居委会,并入美政居委会;撤销复木居委会,并入秋统居委会;撤销新工第一、新工第二居委会,新建新工新村居委会。特此报告。请批复!

南星街道办事处<br>1996 年 1 月 24 日<br>【由杭州市上城区档案馆提供】

---

　①　原文标题为《关于要求撤销宝善弄等七个居委会及新建新工新村居委会的报告》。
　②　抗咸工程:每年咸潮时期海水倒灌,水体中氯大幅上升,不宜饮用,为保障居民饮水安全,需临时改变供水来源,从水库中取得淡水。——编者注

# 转发区民政局《杭州市上城区自治示范居民区评比条件及考核办法》的通知

上政办〔1996〕6 号

区政府直属各单位,各街道办事处:

　　区民政局制订的《杭州市上城区自治示范居民区评比条件及考核办法》已经区政府同意,现转发给你们,请认真研究执行。

杭州市上城区人民政府办公室

1996 年 2 月 8 日

## 杭州市上城区自治示范居民区评比条件及考核办法

杭州市上城区民政局

　　为进一步加强居委会工作,把居民区建设成为社会安定、文化活跃、环境整洁、生活方便的文明社区和人民群众安居乐业的场所,根据区委、区政府关于加强居民区建设的指示精神,结合我区经济和社会发展的现状,坚持高标准、严要求,对我区原有的示范居民区评比条件做了修订,作为今后街道、居民区评比的依据。

　　一、示范居民区评比条件

　　(一)居委会组织机构健全,居委会成员由居民民主选举产生,按时换届,缺额随补。各工作委员会健全,居民小组分布合理,小组长、楼群(墙门)代表齐全,并能发挥作用。

　　(二)居民区党支部与居委会领导班子团结一致,工作协调,密切配合,民主作用好,并且有改革开放意识和开拓创新精神。

　　(三)居委会有切实可行的三年任期奋斗目标规划和年度工作计划,分工明确,各司其职,各项工作成绩显著。

　　(四)居委会工作制度完善。有定期召开的居民代表会议制度,对代表们提出的意见建议,能及时整改。有一套完整的日常工作、学习、会议、廉洁等制度;有健全的基础台账和文书档案资料;有完善的财务管理制度和检查制度,收支账目清楚,按时公布,接受群众监督;有一年两次居委会干部民主生活会议制度;有居民公约并定期检查督促制度。

(五)居办经济和社区服务兴旺,效益良好。居民区年创利税在两万元以上(包括其他收入),企业有专人管理,财务账目清楚;社区服务项目在10项以上;各类社区服务设施在100平方米以上,社会效益和经济效益明显。

(六)街容巷貌整洁,是区级卫生先进单位。居民区环境绿化美化;凡具备绿化条件的,必须是花园式或精细养护居民区。

(七)社会治安状况良好,刑事案件和治安事件发生率稳中有降,不发生本辖区居民直接参与重大案件犯罪活动。违法青少年帮教好转率在90%以上。没有发生重大火灾责任事故。是安全或基本安全居民区。民间纠纷调解率为100%,调解成功率在95%以上;没有民转刑和非正常死亡事故,是标准化调解委员会。

(八)精神文明建设成效显著。辖区内道德风尚良好,人际关系和谐,邻里团结互助。五好楼群和家庭分别占50%和60%以上。拥军优属、尊老爱幼、助残帮困形成风尚,经常开展志愿者服务活动。坚持移风易俗,晚婚晚育,婚事新办,丧事简办,无封建迷信活动,死亡火化率达100%。计划生育组织健全,台账齐全,措施落实,无计划外生育,无大月份引产,无非法领养子女,各项指标达到规定要求,是计划生育合格居民区。文化生活活跃,文化室常年开放,寒暑假校外教育生动活泼,宣传教育有固定阵地,形式多样,定期组织居民开展有益的文娱活动。

(九)上下左右工作协调,关系密切,自觉接受区政府和街道的指导;接受居民区党支部的政治领导。与辖区单位建立共建关系,组织健全,活动频繁。

(十)居委会有固定办公用房,面积达到15~20平方米,坚持办公制度,及时为居民办理各项事务。

## 二、示范居民区考核办法

(一)创建示范居民区活动,是居委会这一群众自治组织建设中的一件大事,对其评比活动,要加强领导。街道办事处和政府有关职能部门要增强服务意识,大力支持与帮助,切实搞好示范居民区的评比。

(二)为了减轻居委会工作负担,避免重复检查评比,今后不再搞五好居委会的评选,一律以评比示范居民区为主。凡被评为区级示范居民区的,区有关职能部门年终的单项评选也不再重复进行,一般由街道向有关部门推荐。年终考核验收示范居民区时,由区民政主管部门主办,有关职能部门派员参加。

(三)考核验收示范居民区,采取各居委会自查、街道现场考核,区领导小组抽样复查验收的办法。每年新创建的示范居民区,除按新标准逐个验收外,对已获省、市、区级示范居民区称号的每两年抽查复验一次,经复验符合各档条件的予以保留荣誉称号,条件欠缺的限期改进,不符合条件的予以撤销。

本评比条件和考核办法于 1996 年 1 月 1 日起实施。

1996 年 1 月 1 日

【由杭州市上城区档案馆提供】

# 杭州市民政局关于市级示范
# 居民委员会工作检查情况的通报①

杭民〔1996〕局字第 027 号

各县（市）、区民政局：

为了深入贯彻实施《中华人民共和国城市居民委员会组织法》（以下简称《城市居民委员会组织法》），认真开展创建示范居民委员会活动，我局根据杭民〔1995〕局字第 188 号《关于检查市级示范村（居）民委员会 1995 年工作的通知》精神，于 1995 年 11 月 20 日至 1996 年 1 月 28 日，采取自查、复查和抽查的方式，对全市市级示范居民委员会 1995 年的工作进行了检查。现将检查情况通报如下。

我市自 1990 年 10 月，开展创建示范居民委员会活动以来，市政府先后表彰命名了 125 个"市级示范居民委员会"，其中有 10 个居民委员会被省民政厅命名为"省级示范居委会"，有两个被民政部评为"全国模范居民委员会"。这次检查是以《城市居民委员会组织法》和《杭州市市级示范居民委员会标准》为检查内容，对全市示范居民委员会进行检查。检查工作采取居民委员会自查，区民政局复查，市民政局抽查三种形式，共分三个阶段进行。1995 年 11 月 20 日至 12 月 10 日，为居委会自查阶段；12 月 11 日至 12 月 25 日为区、县（市）民政局复查阶段；12 月 26 日至 1996 年 1 月 28 日为市民政局抽查阶段。我局共抽查了 4 个区共 36 个市级示范居民委员会。

这次检查是我市继 1990 年连续 3 次验收市级示范居民委员会后的再检查、再督促，目的是通过这样的检查进一步坚定创示范居民委员会工作的决心和信心，并将创建活动引向深入、促进全市城市基层群众自治组织建设。从检查的情况看，有如下三个特点：

一是各级领导重视居委会建设。市委、市人大、市政府、市政协领导多次深入居委会调查研究，慰问居委会干部，市人大先后两次视察居委会工作，市

---

① 原文标题为《关于市级示范居民委员会工作检查情况的通报》。

政府坚持每两年一次地组织民政、司法、公安、城建、城管、计生、文化、卫生、妇联等职能部门对市级示范居委会工作进行验收。各区政府和有关职能部门把创示范居委会作为推动居委会建设的动力,不断改善居委会办公条件,为居委会创示范工作创造了良好的外部环境。

二是示范成果不断扩大,示范效果日趋明显。各地在创示范的活动中,紧紧围绕提高居民委员会的吸引力、凝聚力和战斗力做工作,坚持以法律为依据,积极开展丰富多彩的创示范活动。下城区充分利用示范居委会的优势,积极开展连片创示范活动,他们以省、市示范居民委员会为重点、带动周围的居委会共同开展创示范活动。使一些原本信心不足、条件不成熟的居委会纷纷鼓起勇气开拓创新,积极创造条件,努力争取跨入示范行列。如下城区天水桥、金郎中巷等居委会都取得了很好的成效。拱墅区长征桥居委会在增强凝聚力上下功夫,不仅使每户居民在生活、学习、娱乐上得到居委会的实惠,而且发动居民积极参与居委会的各项活动,使自治示范工作成了辖区居民的工作内容,促进创示范活动向深度发展。除此以外,江干区委、区政府在全区开展居委会达标升级示范活动,取得了明显的成效。江干区委原来的居委会工作基础普遍较差。通过第一轮达标升级创示范活动,不仅使全区居委会在全市率先消灭经济空白点,而且各项基础建设发展较快,目前这个区已进入达标升级创示范的第二轮工作,使创示范工作向广度、深度发展。这些活动不仅为全市创示范工作打下了坚实的基础,而且为居委会建设开拓了新的工作思路。

三是示范不畏难,工作有发展。随着全市大面积的旧城改造和市政道路建设,大批居民外迁过渡,给创示范居委会工作带来很大的难度。根据这一特点,全市各街道居委会不怕困难,坚持高标准、严要求地做好工作。下城区潮鸣街道提出"组织不散、服务不停、管理不松、工作发展"的口号。坚持以经济建设为中心,以管理服务为重点,积极抓好"三条红线"(计划生育、综合治理、殡改工作);认真建好"三个网络"(联络网、情报网、服务网);努力做到"五个清楚"(育龄妇女、烈军属、残疾人、帮教对象、病弱孤老)。该街道知足弄居委会先后三次更换办公地点,居委会干部大部分拆迁在外,但他们坚持按时上下班,坚持各项工作制度,以服务来促进管理。《杭州日报》以《没有根据地的居委会》为题,刊登了这个居委会的先进事迹。像这样在拆迁中做好居委会工作的还有城站路、火把弄、头营巷、延安新村等市级示范居民委员会。

目前全市示范居委会的整体素质是好的,就示范居委会之间而言,还存在着发展不平衡问题,主要表现是:

一、少数示范居委会中干部年龄偏大、身体较差、文化较低,年龄最大的79岁,文化程度最低的有文盲,给示范居委会进一步发展增加了难度。

二、少数居委会干部在思想上存在着重经济轻管理服务的苗头。有的把服务设施挪作他用,有的搞违章建筑,有些居委会汇报工作时讲到发展经济津津乐道、有条有理,汇报管理和服务时言少词穷。

三、少数部门向居委会乱摊派工作,多设机构,还有少数街道部门向居委会乱收费,造成一些居委会工作负担过重。

以上问题必须引起市、区、街道各级领导的重视,并在今后的创示范活动中,切实加强指导,完善规划,搞好协调,改进工作。

根据全市市级示范居委会自查情况和各区复查、市局抽查结果,经研究决定:

一、小营巷等57个居民委员会检查合格,继续保持"市级示范居民委员会"的荣誉称号(以下名单不含1995年表彰的市级示范居委会):

上城区(10) 小营巷、小塔儿巷、上八界、长生路、尚德里、吴山路、后市街、皇诰巷、民生路、断河头。

下城区(10) 吴牙巷、灯芯巷、天水桥、华一、北花园弄、金郎中巷、洗马、塘南、环西、中北。

拱墅区(16) 大夫坊、董家新村、长征桥、杨家门、杭氧、宝庆桥、长乐新村、王马、重机、鸥江新村、登云新村、桥西、化纤、半道红、新河坝、莫干新村。

西湖区(13) 文北、杭磁、俞家圩第一、俞家圩第三、花园西村、日晖、教工路、林家浜第一、曙光二村、道古桥、河东、沿山河、古荡新村第五。

江干区(6) 兴隆西村第一、新丰新村、大马弄、水澄桥、小桥、双菱第二。

萧山市(2) 太平弄、西河路。

二、1994年对下城区洗马居民委员会给予一年整改,现经验收合格。

三、全部或大部分拆迁的12个"市级示范居民委员会"称号暂不撤销。待回迁后,经市检查小组复查验收后再作决定。12个"市级示范居民委员会":延安新村、城站路、福禄巷、郭东园巷、诚仁里、火把弄、理问所、营门口、窑瓶巷、头营巷、知足弄、新桥。

四、对工作滑坡的拱墅区颜家居委会给予一年的整改期。整改时间自1996年1月至1997年1月。

各市级示范居委会通过自查,对自查出来的问题,要认真进行整改,各街道和各区民政局要认真贯彻《城市居民委员会组织法》和《市级示范居民委员会标准》,继续深入开展创建示范居委会活动。依法搞好换届选举,严格选举程序,在居委会建设中要突出抓好民主选举、民主决策、民主管理、民主监督。认真抓好岗位培训,搞好居委会后备干部的选拔培养。大力发展居办经济并加强管理,在抓经济工作的同时要加强管理和服务。特别是要搞好便民利民的社区服务。市级示范居委会应成为全市居委会自治的模范。民主与法治的模范和规范化建设的模范,争创一流工作,为我市城市基层群众性自治组织建设和"两个文明"建设做出应有的贡献。

杭州市民政局

1996 年 3 月 14 日

【由杭州市上城区档案馆提供】

# 杭州市上城区涌金街道
# 建立领导班子成员联系居民区制度①

为进一步加强街道班子队伍建设,提高街道机关的办事效率,密切与居民群众的联系,推动街道各项工作的更好开展,日前,涌金街道建立领导班子成员分片联系居民区制度。主要内容有:(1)街道领导班子成员经常深入基层联系点,每月下基层联系点不少于3天。(2)关心了解居委会干部和党支部成员的思想、生活、工作情况,及时开展家访谈心活动。做好思想政治工作,加强居民区干部队伍的建设。(3)参与居民区重大问题的决策,对居民区的日常工作进行帮助指导,对居民区的重大工作任务进行具体协调。(4)认真听取居民区群众对街道工作的意见、建议。及时研究协调解决,做好催办落实和情况反馈工作。(5)党工委和班子成员结合每半年一次的民主生活会,对深入联系点情况进行自查,并督促科室机关干部经常下基层指导工作。

中共涌金街道工委　涌金街道办事处
1996 年 5 月
【由杭州市上城区档案馆提供】

---

① 原文标题为《涌金街道建立领导班子成员联系居民区制度》。

# 转发杭州市江干区委组织部、区民政局《关于居民区党支部、居委会换届工作请示》的通知<sup>①</sup>

江委办〔1996〕25 号

各街道党工委、办事处,区委、区政府有关部门:

　　区委组织部、区民政局《关于居民区党支部、居委会换届工作请示》已经区委、区政府同意,现转发给你们,望认真贯彻实施。

中共杭州市江干区委办公室

杭州市江干区人民政府办公室

1996 年 5 月 30 日

## 关于居民区党支部、居委会换届工作请示

区委、区政府:

　　1993 年我区居委会在各街道党工委、办事处的精心指导下,成功地组织了换届工作。通过换届,居委会的"三自"能力进一步增强,有力地促进了基层民主政治和居委会的整体建设,根据《中华人民共和国城市居委会组织法》的规定,今年我区居委会普遍要再次换届,为了认真贯彻《居委会组织法》和区委、区政府的要求,对今年的换届工作,提出如下意见:

　　(一)指导思想

　　以党的十四届四中、五中全会精神为指导方针,以《居委会组织法》为基本原则,按照居委干部配备要"政治强一点、年纪轻一点、文化高一点、身体好一点、能力棒一点"的要求,通过民主选举、岗位培训、健全制度,进一步建设好居民区党支部和居委会班子,以发扬城市基层民主,推动我区街居经济和社会各项事业的发展。

---

　　①　原文标题为《转发区委组织部、区民政局关于居民区党支部、居委会换届工作请示的通知》。

（二）目的和要求

通过换届，达到居委干部的整体素质有所提高，居委会各项制度有所健全，居民区的民主意识有所增强，居民区党支部的政治核心作用和居委会的"三自"作用得到充分发挥。

居民区党支部设委员 3 至 5 名，居委会配备干部 5 至 9 名，其中没聘用助理和工作人员的居委会专职干部应不少于 4 名，新进居委会的人选年龄一般不超过 65 岁，文化程度在初中以上，特别是要选配懂经济、会管理、擅长社会工作、有群众基础的同志进居委会班子。

这次换届选举安排在 8 月中旬至 9 月中旬，整个换届工作将在 10 月底前完成。

（三）换届选举的范围

1995 年底前建立的城乡居民委员会和居民区党支部。

（四）方法和步骤

(1)6 月底前，各街道按区里的部署，拟定好方案，建立工作班子，尽早帮助居委会落实居民区党支部和居委会的候选人建议名单、居委会工作报告草案等。

(2)7 月开始，各街道要利用宣传工具宣传《居委会组织法》，特别是要宣传居委会的性质、地位、任务、同政府的关系、对居民的要求等，以明确民主选举居委会干部的意义，增强居民参与意识，居民区党支部应认真学习党章，过好组织生活，宣传教育工作贯穿整个换届过程。

(3)7 月下旬至 8 月中旬前，民主推选居民会议代表，每个居民小组产生 2 至 3 名政治素质好、热心居民工作、有参政议政能力的代表。代表结构应具有广泛性，要考虑到方方面面，如产生的代表是在职职工的，应与所在单位联系，保证安排代表到会，居民会议代表一般任期 3 年。

(4)6 月中旬至 9 月中旬，民主协商居民区党支部和居委会的候选人，应做好居民会议具体的准备工作。街道党工委和办事处指导居委会民主协商产生主任、副主任、委员候选人，确定支部委员、书记候选人建议名单，草拟好居委会工作报告、居委会公约、选举办法，制作好选票、票箱等选举用品，安排好民主选举的各项准备工作。

(5)召开居民会议。居民会议代表审议工作报告和选举居委会干部。一般议程为：①居委会主任作工作报告请代表审议；②民主选举新一届的居委会主任、副主任、委员;③通过居民公约;④其他需要居民会议通过的事项。选举结果向居民群众公布,并报送街道办事处备案。党支委选举应召开支部大会进行,选举结果报街道党工委批准。

(6)培训居委干部,健全居委制度。10月底前,各街道要认真组织一次居委干部培训,重点搞懂居委会的性质、任务、居委工作方法、居委干部应该具备的素质。同时,加强居委会民主集中制的建设,健全居委《工作规划》《财务制度》《会议制度》《考勤制度》《学习制度》等。规范居委会工作,对居民会议通过的目标任务,要列入目标责任制进行考核,对居委会的各工作委员会和居民小组也应调整建设好。

(五)注意的几个问题

(1)配备好居委班子,搞好这次换届工作,是加强基层组织建设,巩固基层政权的一项基础工作,是党的方针、政策和国家法律、法规全面落实的组织保证,各街道党工委、办事处一定要认识其重要意义,主要领导要亲自挂帅、亲自组织、按照德才兼备的原则配好党支部和居委会班子成员,及时解决工作中出现的问题,指派得力干部具体抓好这次换届工作。

(2)换届选举是一次《城市居委会组织法》再学习、再宣传、再落实的过程。区有关部门和各街道应该重视宣传。换届中,要严格按法、按章进行,特别是候选人和选举程序的确定都必须充分体现选举人的意志,切忌怕烦琐,忽视民主,包办代替,损害党员和居民群众的合法权益及参与民主的积极性。

(3)居委会的换届工作,应充分考虑党支部政治核心作用的发挥。在确定班子方案时,要尽量考虑党政的协调,交叉任职,条件具备的居委会支部书记和主任尽可能由一人兼任。

(4)在换届选举工作中,要按照凯旋街道加强居委会班子建设的试点经验,积极探索居委会干部的来源渠道,尽量安排一名以上50岁以下的人选进入班子,要扎扎实实解决实际问题,如经济落后的,要重视配备懂经济、会管理的同志。对退下来的居委干部和选举中落选的候选人,要做好思想工作。

(5)换届时,各居委会要主动向辖区单位通报,征求意见建议,邀请他们参与居民会议,扩大共建成果。

(6)各街道换届工作的方案和总结应分别于6月底前和10月底前书面送

区民政局。

　　以上请示，如无不当，请批转执行。

中共江干区委组织部

江干区民政局

1996 年 5 月 7 日

【由杭州市上城区档案馆提供】

# 杭州市江干区紫阳街道关于撤销凤山门居民区的请示①

江紫办〔1996〕17号

江干区人民政府：

我街道凤山门居民区原有居民 309 户。自 1993 年以来,凤山门居民区地块被建设部门全部征用,居民已异地安排住宅,尚有 8 户居民已于 1994 年划归严官巷居民区管理。居委会干部已按有关规定做了妥善处理。凤山门居民区已不存在。

鉴于上述情况,经研究,拟撤销紫阳街道凤山门居民区。

以上请示当否,请批示。

杭州市江干区紫阳街道办事处

1996 年 6 月 5 日

【由杭州市上城区紫阳街道办事处提供】

---

① 原文标题为《关于撤销凤山门居民区的请示》。

# 杭州市上城区横河街道关于提高在职居委会干部津贴和对离退职居委会干部实行补贴的决定<sup>①</sup>

上横办〔1996〕21 号

各居委会:

随着改革开放的深入和经济、社会的发展,居委会对城市社区的管理、社区服务事业的发展起着越来越重要的作用,工作范围和工作量也日益扩展延伸。为了切实贯彻落实好区居民工作会议精神,调动居民干部的积极性,稳定居委会干部队伍,根据本街道的实际情况,经街道办事处研究决定,适当提高在职居民干部津贴和对离退职居民干部适当给予补贴,具体规定如下:

## 一、适用范围

1. 本决定适用于在职居委会主任、副主任。

2. 1996 年 1 月 1 日以后离退职居委会主任、副主任(不包括纯居民干部离任)。

## 二、调整津贴的标准

1. 居委会主任由原来的每月 100 元调整为每月 130 元。

2. 居委会副主任由原来的每月 90 元调整为每月 110 元。

3. 居委会专职支部书记由原来的每月 20 元调整为每月 40 元。

4. 居委会兼职支部书记与主任同等待遇。

## 三、离退职人员补贴标准

补贴费按在居委会连续任职年限计算,实行一次性补贴,若有两次或两次以上担任居委会主任和副主任,以连续年限最长的一次计算。补贴分为四类:

1. 任职 3 年以上(含 3 年)至 5 年(包括 5 年),200 元/年。

2. 任职 5 年以上至 10 年(包括 10 年),500 元/年。

3. 任职 10 年以上至 15 年(包括 15 年),700 元/年。

---

①　原文标题为《关于提高在职居委会干部津贴和对离退职居委会干部实行补贴的决定》。

4.任职 15 年以上,1500 元/年。

四、经费来源

1.在职居委会干部提高部分的经费在各居委会经费中开支。

2.离退职人员的补贴经费由街道办事处拨款 50%,居民区自行承担 50%。

五、执行时间

本决定从 1996 年 1 月 1 日起执行。

上城区横河街道办事处

1996 年 6 月 11 日

【由杭州市上城区档案馆提供】

# 杭州市江干区南星街道关于居民区党支部、居委会换届工作的实施意见[①]

各居民区党支部、居委会：

1993 年，我街道在区有关部门的指导下，成功地对 18 个居委会做了换届选举，有力地增强了居委会的"三自"功能。今年 10 月任期届满，需进行新一轮换届选举。根据《城市居委会组织法》和江委办〔1996〕25 号文件的要求，结合我街道实际，对街道居民区党支部、居委会换届工作提出如下实施意见：

## 一、指导思想

以党的十一届四中、五中全会精神为指导方针，以《城市居委会组织法》为基本原则，按照"政治强一点、年纪轻一点、文化高一点、身体好一点、能力棒一点"的要求，积极开辟干部新来源，产生新一届居民区党支部和居委会班子，使之充分发挥党支部的战斗堡垒作用和居委会的"三自"作用，适应社会主义市场经济要求，促进街居经济和社会各项事业的发展。

## 二、工作目标

换届工作要达到的目标有三个：一是居委会干部整体素质得到提高；二是居委会各项基础管理制度得到加强；三是党支部的战斗堡垒作用和居委会的"三自"作用得到充分发挥。

## 三、具体办法

1. 精心选配好班子。

①班子人数要清。居民区党支部设委员 3 至 5 名，居委会设委员 5 至 9 名，其中专职委员不少于 4 人。

②年龄相对要轻。新进班子人选年龄一般不超过 65 岁，文化程度在初中

----

① 　原文标题为《关于居民区党支部、居委会换届工作的实施意见》。

以上。并要积极物色懂经济、会管理、擅长社会工作、有群众基础的同志进班子。

③结合考虑党支部班子,条件具备的居民区书记、主任一人兼任。

2.分三步实施。

①宣传发动阶段。从 7 月开始,要采用黑板报、横幅、标语等形式大张旗鼓地开展宣传活动,明确民主选举的意义要求,进行一次《城市居委会组织法》的再教育,党支部应组织全体党员认真学习《党章》,过好组织生活。

②摸底产生代表阶段。从 7 月下旬至 8 月中旬,对现有的 14 个居民区党支部和居委会班子逐一进行认真分析,摸清干部思想状况,拟定调整方案,开拓视野,广泛发动党员和群众积极推荐新干部人选。同时,每个居民小组产生 2 至 3 名政治素质好、热心居民工作、有参政议政能力的代表。

③选举阶段。从 8 月下旬至 9 月底前,街道在指导居委会做好准备工作的基础上,协助居民区开好居民会议,审议工作报告、选举新一届居委会。党支部同时召开党员大会进行选举。

10 月底前,街道组织新一届居委会干部培训,指导各居委会调整好工作委员会和居民小组,健全各项管理制度。

四、有关要求

1.要着重抓好宣传,严格依法按章进行换届选举,要充分体现选举人的意志,发挥群众参与民主的积极性。

2.要自始至终把提高居民干部队伍素质作为出发点和落脚点,要广开渠道,拓宽视野,多渠道开辟干部人选来源。

3.要认真做好干部的思想工作,既要做好连任和新任干部的思想工作,更要做好离任或落选干部的思想工作。

中共江干区南星街道工作委员会

江干区人民政府南星街道办事处

1996 年 6 月 26 日

【由杭州市上城区档案馆提供】

# 杭州市上城区涌金街道关于居民委员会换届的通知①

上涌办〔1996〕57号

《中华人民共和国城市居民委员会组织法》（以下简称《组织法》）实施以来，居委会的自我管理、自我教育、自我服务的"三自"能力有了很大提高，我街道各居委会三年任期先后届满。根据《组织法》的要求，任届期满要进行换届，在新的形势下，结合本街道的实际，经研究提出如下意见：

## 一、贯彻《组织法》的重要意义

居委会是党和政府联系群众的桥梁和纽带，充分发挥居委会在城市各项工作中的作用，有利于调动居民群众在社会主义改革和建设中的积极性，提高居民群众的民主法治意识，使党的路线、方针、政策和政府的各项法律、法规切实得到落实。在当前形势下搞好换届工作，对进一步加强居委会的建设，提高"三自"能力，做好各项工作有着重要的意义。

## 二、居民委员会的机构设置

根据《组织法》的要求，结合我街道的实际，居委会成员由5至9人组成，居委会设正主任1名，副主任2至5名，委员若干名。居委会下设民政福利、妇女工作、公共卫生、治安保卫、人民调解5个工作委员会，居委会成员可兼任各工作委员会主任、副主任和委员，居民委员会下设若干居民小组，小组一般由30至60户住户组成，小组长由本组居民推选产生，居民小组下分若干墙门（楼群）代表，代表由所属居民推选产生。

## 三、居民委员会成员的产生

根据《组织法》的要求，居委会主任、副主任和委员要民主选举产生，其步骤如下：首先由本辖区居民住户广泛提名推荐候选人；其次各小组或墙门推荐

---

① 原文标题为《关于居民委员会换届的通知》。

代表,由代表协商产生正式候选人,正式候选人张榜公布(选举日前五天),正式候选人名额应多于应选名额 1 至 3 名;最后无记名差额选举。

四、居民代表会议的召开

居民会议由居委会召集和主持,会议应由年满 18 周岁以上的居民住户代表或居民小组代表半数以上出席才能举行,会议的决定由出席代表过半数通过有效。

居民会议原则上每年举行一次代表会议,如有五分之一以上的 18 周岁以上的居民、五分之一以上的住户或三分之一以上的居民小组提议,应及时召开居民会议。

居民会议讨论决定涉及全体居民利益的重大问题,有权撤换和补选居委会成员。

居民委员会的换届,应经过以下程序:

1. 拟定计划,学习宣传《组织法》阶段。

2. 提名、推荐、协商、张榜公布正式候选人阶段。

3. 召开居民会议,讨论报告,选举班子阶段。

居民会议年会,主要听取居委会对上年的工作报告,讨论当年的工作意见,决定本居民区的重大问题。

五、换届工作的要求

1. 要组织干部、群众认真学习《组织法》和有关的法律、法规,严格依法办事,不走过场。

2. 居委会成员的推荐,可以超出本居民区的范围。根据区政府民政工作会议的精神,各居委会可以不受地域的限制,把那些政治觉悟较高、年纪较轻、身体较好、文化较高并懂得一定经济管理的热心居民工作的人员选举进居委会,为居委会工作向更高的层次发展打下基础。

3. 以民政科为主,各部门积极配合,深入居民区指导换届选举,务必如期完成换届工作。

4. 居委会要成立换届工作领导小组,把换届工作作为居委会的重要工作,严肃认真地做好有关换届的各项工作。

涌金街道办事处

1996 年 7 月

# 附:居委会换届日程表

## 指导小组名单

为了加强对居委会换届工作的指导,切实搞好此项工作,经研究,决定成立居委会换届选举指导小组,成员如下:

组　　长:陆昌林　　涌金街道办事处主任
副组长:田桂坤　　涌金街道办事处副主任
　　　　周建康　　涌金街道党工委副书记
　　　　陶伟明　　涌金派出所副所长
成　　员:任发祥　　涌金街道民政科科长
　　　　万丽萍　　涌金街道妇联副主任
　　　　张燕玉　　涌金街道民政科指导员
　　　　王志龙　　涌金街道城管科副科长
　　　　王岩华　　涌金街道司法科科长

### 换届日程表

| 1996 年 8 月至 12 月 | 1997 年 1 月至 6 月 |
|---|---|
| 9 月　紫城 | 3 月　日新、韶华、保佑 |
| 10 月　安定、人民、元福 | 4 月　饮马、涌金、盔头、火药 |
| 11 月　羊坝、源茂、东平、后市、国货 | 5 月　南山、惠民、奎垣、羊血 |
| | 6 月　青年 |

涌金街道办事处
1996 年 7 月
【由杭州市上城区档案馆提供】

# 杭州市上城区政府重视做好居民区的计划生育工作①

　　随着城区计划生育工作的不断深入,居委会的计划生育工作也正在日益强化。1993 年以来,区政府把创建计划生育合格居委会纳入城区基层组织建设的整体工作之中,在全区 131 个居委会中扎扎实实地开展了创建计划生育合格居委会活动。由于严格按照评比标准,逐步提高了合格居委会达标水平,1993 年度全区有 88 个居委会达标,创建率为 67.18％;1994 年度有 93 个居委会达标,创建率为 79.99％;1995 年度有 95 个居委会达标,创建率为 72.52％。

　　开展创建计划生育合格居委会活动,首先是计划生育的基础网络建设得到加强,使居委会的计划生育工作做到了组织落实、人员落实、任务落实、报酬落实。其次是基础计划生育宣传教育和技术服务得到加强,通过一系列宣教、服务,近年来我区育龄人群法治观念加强了,未婚先孕减少了,预防意外妊娠的能力提高,人工流产数明显下降,家庭生活质量得到提高。再次是计划生育的制度建设得到加强,各居委会都建立了一套行之有效的管理制度。131 个居委会还做到计生台账统一、规范,卡、册、表填写正确完整,对育龄人员建档立卡,建立了完整的人口档案。对新形势下计划生育管理中出现的新情况、新问题,居委会制度有与之相适应的管理办法,并加强与街道、工商、劳动就业、公安派出所等部门的联系与配合,把工作做深做细。

　　但是有一些考核指标不尽合理,即使做了大量的工作也难以达标,有些居委会计生主任素质不够高,影响达标;新形势下计划生育出现的新情况、新问题,增加了其工作难度,影响了达标等问题。

　　在今后的工作中,要继续发挥计生协会的作用,走群众路线,提高居委会计生干部的素质,加强对居委会干部的培训,帮助他们掌握计划生育工作的具体方法,做到既有满腔的工作热情,又有过硬的工作本领,努力培养和选拔一批年纪较轻的居委会计生干部,从而使我区创建计划生育合格居委会这一活动持久开展并不断取得新成果。

1996 年 7 月 15 日

　　【选自《上城宣传信息》第 4 期杭州市上城区委宣传部编由杭州市上城区档案馆提供】

---

　　①　原文标题为《区政府重视做好居民区的计划生育工作》。

# 印发《杭州市上城区人民政府关于落实新建小区居委会配套用房的意见》的通知

上政〔1996〕42 号

区政府直属各单位,各街道办事处:

现将《杭州市上城区人民政府关于落实新建小区居委会配套用房的意见》印发给你们,希认真贯彻执行。

杭州市上城区人民政府

1996 年 7 月 16 日

## 杭州市上城区人民政府关于落实新建小区居委会配套用房的意见

为切实解决当前居委会工作用房的困难状况,改善居委会的办公条件,以利于居委会更好地开展工作,根据《居委会组织法》和杭州市拆迁安置的有关规定精神,联系我区实际,对落实新建小区居委会的配套用房提出如下意见:

一、安排居委会配套用房的建设项目范围和责任单位

凡为我区新建的住宅小区(新村),今后应定量、无偿安排居委会的配套用房。其他建设项目的拆迁安置和配套,按市有关规定执行。

凡在我区范围内开发组建小区(新村)的单位,不论是区属的还是区外的,均属安排居委会配套用房的责任单位。

二、居委会配套用房的定量标准、用途及产权性质

新建住宅小区(新村),按每个居委会不低于 100 平方米的标准安排配套用房。

居委会的配套用房,规定用于居委会的办公、群众性活动和社区服务。使用比例原则上按照办公用房 30 平方米,群众性活动用房 20 平方米,社区服务用房 50 平方米安排。

新建小区(新村)居委会配套用房的产权属所在街道办事处。

考虑到居委会工作的特殊性,对其配套用房以安排在低层为宜,最高不超过两层。

### 三、居委会配套用房安排与拆迁安置的关系处理

原居委会工作用房(含办公、活动、社区服务,下同)低于100平方米的,开发建设小区(新村)时,应按照不低于100平方米的标准给予安排。

原居委会工作用房超过100平方米的,开发建设小区(新村)时,应按原面积予以补偿,但不再安排100平方米的配套用房。

新建小区(新村)时被拆除该居委会管辖的一半以上居民住户的,按照100平方米的标准安排配套用房,被拆除不足一半居民住户的,本着扶持、照顾的原则,参照比例,从优安排配套用房。被拆除的虽不足一半住户的,但该居委会的工作用房被全部或大部拆除的,应按照不低于100平方米的标准安排配套用房。

### 四、居委会配套用房的具体落实办法

(一)建立区居委会配套用房协调小组。在区政府领导下具体负责全程配套用房的协调、落实事宜。该小组由分管区长任组长,区府办、区计经委、区民政局、区房管局、区公安分局、区城建局、街道办事处等部门的负责人参加。日常工作由区民政局牵线,当事街道办事处具体配合。

(二)落实工作责任制。在经过区协调小组协调后形成共识的基础上,由当事街道办事处负责,与小区(新村)开发组建单位共同协商签订协议书,明确双方各自的责任与义务,并经国家公证机关公证。

(三)把好计划与验收两道关。小区(新村)建设的计划立项、总体平面图审查,由区计经委负责把关。如有不符上述有关规定要求的,应告知组建单位予以调整。小区(新村)主体落成后,由区房管局(征地拆迁办公室)负责把好工程验收关。如发现该工程不符合居委会配套用房要求的,应不予通过验收,待明确落实相应的补偿办法后再予以通过。同时,在小区(新村)建设施工过程中,区协调小组要组织跟踪检查,发现问题及时向组建单位提出改进意见和要求。此外,区有关部门要积极争取参加小区(新村)设计图纸的会审,以利于完善设计要求。

五、居委会工作用房及违章搭建的管理问题

（一）居委会的工作用房应做到专房专用。除社区服务用房允许出租，以维持居委会日常经费来源外，其他办公用房、群众性活动用房应固定专项使用，不得擅自改变其用途。

（二）对居委会现有工作用房进行一次摸底排查，并优化其使用结构。由街道办事处负责，对所属各居委会的工作用房状况做全面分析，搞清楚哪几个居委会工作用房使用不当，然后，根据优先确保居委会办公用房和群众性活动用房的原则，对现有工作用房做必要的调整。在此基础上，编制名册，报区民政局备案（表式由区民政局统一制发），以便于加强管理。

（三）加强对小区违章建筑的整治。为美化绿化小区环境和居民生活环境，街道办事处和居委会要依照城市管理的有关法规，一方面加强对辖区内小区违章建筑的检查，发现问题及时向有关执法部门做出报告；另一方面要带头不搞违章建筑，切实维护小区各项配套设施的完整性。今后，各级领导，各有关职能部门要严把小区搭建的审批关，不能乱开口子，否则将依法追究有关领导和部门的责任。

六、本意见自文发之日起执行

今后上级政府如有新的规定，按新规定执行。

【由杭州市上城区档案馆提供】

# 关于印发杭州市《江干区人民政府南星街道办事处依法治街五年规划(1996—2000 年)》的通知①

南街办〔1996〕39 号

各直属企业、居委会、机关各科室:

《江干区人民政府南星街道办事处依法治街五年规划(1996—2000 年)》已经街道办事处研究通过,现印发给你们,请认真贯彻实施。

杭州市江干区南星街道办事处

1996 年 9 月 3 日

## 江干区人民政府南星街道办事处依法治街五年规划
## (1996—2000 年)

为加强社会主义民主与法治建设,适应社会主义政治、经济和各项事业发展的需要,确保宪法、法律的贯彻和实施,促进和保障本地区"两个文明"建设健康发展,根据中央和省市区的要求,结合南星街道实际情况,制订本街道依法治街五年规划。

一、指导思想

依法治街总的指导思想是:坚持以邓小平建设有中国特色社会主义理论和党的基本路线为指导,深入地开展"三五"普法教育,加强执法队伍建设,进一步提高街道全体干部群众的法律意识和依法办事的自觉性,保证国家的法律、法规和地方性法规、规章在我街道贯彻实施,大力推进街道各项工作的依法治理,充分运用法律手段规范社会各方面的关系,保证人民当家做主,保障改革开放和经济建设的顺利进行。

---

① 原文标题为《关于印发〈江干区人民政府南星街道办事处依法治街五年规划(1996—2000)〉的通知》。

## 二、主要目标

1.干部、群众(包括外来从业人员)的法律意识和法治观念进一步加强。各级干部,特别是领导干部掌握与本职工作相关的法律、法规;带头守法,用法,做到依法办事,依法行政和依法管理;群众了解与自身工作、生活紧密相关的法律、法规,正确行使公民的基本权利,履行公民的基本义务。

2.行政执法水平进一步提高,执法队伍建设得到加强,执法人员不断提高业务素质以及执法水平,做到正确执法、严格执法,努力消除执法违法、以言代法的现象。建立完善执法责任制和执法检查制度,公开办事制度等执法监督体系。

3.全地区政治、经济、文化、卫生等各项工作逐步纳入法治化轨道,社会政治生活日趋稳定。

## 三、基本任务

### 1.深入开展法治宣传教育

直属各单位、居委会普法领导小组要在认真调查研究的基础上,做好"三五"普法规划的准备和实施工作,使之贯穿于依法治街的各个环节和整个过程。在普法对象上,要继续重点抓好各单位中层以上领导干部、执法人员、经济管理人员、青少年及外来从业人员的普法教育。在普法内容上,突出抓好社会主义市场经济法律、法规的学习和宣传教育。各级干部要带头学法,做好表率,建立并坚持学法日制度,要加大对青少年和外来从业人员的法治教育力度。各用人单位要用多种形式抓好外来从业人员的法治教育,努力降低青少年和外来人员的违法犯罪率。

### 2.大力加强依法行政工作

依法行政是法治建设的一个重要组成部分,也是依法治街的重点。国家机关工作人员必须自觉执行法律、法规,严格按照法律规定的程序办事,努力做到依法管理各项事业,促进政府和机关转变职能,要切实做好规范性文件、规章制度的制订、修改和废止工作,不断完善行政执法规范;建立健全部门执法责任制,提高行政执法水平;认真分析执法中存在的问题,不断提高执法效果;加强执法队伍的建设,搞好执法人员的思想教育和业务培训,提高自身的法律素质和工作能力;以事实为根据,以法律为准绳,坚持依法办事、公开办事制度,增强工作的透明度,自觉接受各方面的监督,严格执法纪律。坚持不懈地开展反腐败的斗争,坚决查处各种违法乱纪行为和腐败分子。

3.依法规范经济活动

各企业要认真学习贯彻《企业法》《公司法》《产品质量法》《劳动法》等经济法律、法规,同时要加强企业法治建设,建立和健全与市场经济体制相适应的企业法治工作制度,依法规范企业和组织的行为。法律服务所要围绕经济建设这一个中心,积极拓展律师、公证业务,充分发挥法律服务机构的作用,要有超前意识,努力把法律服务渗透至决策领域,以及经济和社会活动的各个方面;街道重点骨干企业要逐步建立法律顾问制度,聘请常年法律顾问,有条件的应设立法律顾问室,对重大经济项目谈判或经济合同的签订,做到有法律顾问参加;企业的承包、转制要实行公证,保障经济建设健康发展。

4.积极推动各行各业依法治理

直属各单位、居委会对依法治街工作,要加大力度,抓出成效。重点要抓好以下几个方面的依法治理:一是依法加强社会治安,完善以外来人口管理为主的防范机制,全面落实社会治安综合治理责任制和各项措施,坚决实施社会治安综合治理一票否决制。加大对各种违法犯罪行为的打击力度,减少违法犯罪率,使民间纠纷逐年下降,无非正常死亡和恶性刑事案件的发生,有效地遏制卖淫、嫖娼、吸毒等社会丑恶现象,切实维护社会稳定。二是依法推行计划生育。认真贯彻落实计划生育法规,加大宣传力度,强化国策观念,保证人口和计生政策的全面落实,坚决实施计划生育一票否决制,有效地控制人口数量,提高人口素质。三是依法推进各项社会事业建设。文化站要依法加强文化市场的管理,坚持不懈地开展"扫黄打非"活动,净化文化市场,大力发展文化事业,不断丰富人民群众的精神生活。爱卫会要贯彻实施《食品卫生法》等有关法律法规,依法加强食品、医疗、卫生、保健管理,依法打击危害人民群众身体健康的各种违法犯罪行为,促进卫生保健事业稳步发展。直属各单位、居委会要定期研究依法治理工作,确保治理工作的顺利开展。

5.切实抓好基层依法治理

基层各单位、居委会要依据法律、法规从实际出发,切实做好建章立制工作,形成"上与大法吻合,下与实际结合"的管理制度,使经济、文化和各项社会事业都有法可依,有章可循,努力实现管理的民主化、法治化。各居委会要大力宣传市民守则,并制订居民公约。居民公约要符合合法性、民主性、实用性和互约性的原则,充分调动人民群众自觉参与依法治理的积极性。切实发挥居委会治保、调解等群众性自治组织应有的作用。

### 四、实施步骤

第一阶段:准备阶段(1996 年 4 月至 10 月)

1.制订规划。从实际出发,结合本地实际,确定依法治街五年规划。

2.建立依法治街领导小组,组建办公室,指导全地区依法治理工作的开展。

第二阶段:宣传发动,逐步试行阶段(1996 年 10 月至 1997 年 6 月)

1.全民动员,全面宣传,使依法治街能人人皆知,深入人心,打好坚实的群众基础。

2.召开全地区依法治街工作动员会。

3.成立机构,落实经费。各直属单位、居委会成立依法治街领导小组和办公室,筹集必要的经费,从组织上和财力上保证工作的开展。

4.制订计划,落实方案。各直属单位、居委会依照依法治街五年规划,结合实际,制订出实施依法治街的规划。

5.抓好试点,逐步推行。在一个单位内先行试点,摸索路子,为全面开展依法治街工作积累经验。

第三阶段:全面实施,扎实推进阶段(1997 年 7 月至 2000 年 6 月)

1.依法治理工作由局部向整体发展。

2.直属各单位、居委会的依法治理由点到面向前推进。

第四阶段:总结考核,巩固提高阶段(2000 年 6 月至 2000 年年底)

1.自查总结。根据规划要求查漏补缺,自我评定,做出工作总结。

2.考核表彰。根据依法治街五年规划要求,结合"三五"普法规划实施情况,组织专门力量,对各单位、居委会认真考核。对依法治理工作中涌现出来的先进集体和个人,进行表彰,树立典型,巩固成绩,扩大效果。

### 五、方法措施

1.加强领导。依法治街能否取得成效,关键在于领导,加强领导需做到:一要统一认识,各单位要切实将依法治街工作列入重要议事日程,把依法治街与社会主义精神文明建设及党员干部的思想作风建设、公民的社会主义道德教育及"三五"普法结合起来,使之相互补充,互相促进。二要领导到位。各直属单位、居委会要成立依法治街领导小组,由主要领导任组长,并由专人负责落实。三要领导率先垂范。各单位中层以上领导干部要带头学法、用法,并逐步建立学法日制度,用自己的行为起到无声的示范和教育作用。

2.制订规范。依法治街是一项长期的工作,各单位要结合实际,科学地制订切实可行的规划,按规划逐年实施依法治街。

3.形成合力。依法治街是一项系统的社会工程,要在街道党工委、办事处的统筹协调下,各单位步调一致,齐抓共管,将依法治街落到实处。同时,明确责任,将依法治街五年目标,纳入各单位的目标责任制和领导干部的任期责任制。

4.抓好队伍。建立和健全一支依法治街工作队伍是搞好依法治街的重要环节。各依法治街领导小组要选好、配足工作人员,并加强这支队伍的建设。一抓培训。有计划分期分批地进行法律知识及素质方面的培训,提高他们开展依法治街工作的水平。二抓考核。按照依法治街工作的要求,实行考核,以保证队伍的战斗力。三抓使用。经常布置工作,交流信息,便于纵横沟通,更好工作。

5.以点带面。在工作的起始阶段,拟选择一个单位先行试点,以点带面,逐步铺开。

6.搞好宣传。依法治街是一项新的工作。因此,要利用一切宣传工具和形式,在全地区大力宣传依法治街的重要性和必要性。

7.强化督查。要建立一整套完整的监督体制,发现问题,及时纠正,使我地区行政执法质量每年都有新的提高。同时,加强对干部的"法治素质"的考察,并为新任干部进行法律培训,以促进各行各业的依法管理。

【由杭州市上城区档案馆提供】

# 杭州市上城区紫阳街道居委会换届选举工作总结①

我街道 26 个居民区,除 5 个拆迁、1 个物业管理外,应换届的 20 个居委会,从 8 月 6 日起至 9 月 24 日止,换届工作已圆满结束。选出正副主任 83 名,委员 31 名。正副主任中,新进入的有 25 名占 30.12%,其中主任 7 名(包括原助理提升 3 名,副职提正职 2 名);书记主任一肩挑的有 11 名占 55%;平均年龄 57 岁,其中 50 岁以下的有 20 名占 24.1%;党员 34 名占 40.96%;大专以上文化的有 2 名占 2.4%,高中文化的有 19 名占 22.9%,初中文化的有 31 名占 37.35%,小学文化的有 37 名占 37.35%,居干的整体素质有较大提高。我们的主要做法如下:

## 一、建立组织,责任到人

江委办〔1996〕25 号文件转发区委组织部、区民政局关于居民区"两委会"换届工作的通知下达后,街道党工委及时召开党委会议,把这项工作列入重要议事日程,在统一认识的基础上,成立了居民区党支部、居委会换届工作领导小组,书记任组长,1 名副书记、1 名副主任为副组长,派出所指导员、街道党政办主任、民政科长、组织干部为小组成员。为保质保量,按时完成这次"两会"的换届工作,领导小组成员做了明确分工、分片包干、责任到人,和居民区外勤一起抓宣传、挑干部、解难题,协商候选人,参加居民代表会,保证了换届选举的顺利进行。

## 二、制订计划,认真准备

首先根据区委、区政府的要求,联系本街道实际,制订了具体的实施计划,下发到各居委会和有关人员手中,同时对应换届的 20 个居委会进行分析排队,采取先易后难的方式进行。将原班子人员齐全,年龄结构合理,"三自"作用发挥较好,成员不做变动的 8 个居委会列为第 1 批选举;将原班子成员略做

---

① 原文标题为《集中时间 集中精力 认真抓好居委会的换届选举》。

调整,新干部候选人已落实的 7 个居委会列为第 2 批选举;将老干部有变动,新干部物色有困难,一时到不了位的 5 个居委会放在第 3 批选举。为了解决居委会干部写材料难、选举工作不熟悉的问题,由民政科为居委会准备了工作报告、财务报告、选举办法、会议议程、代表登记表等 18 份换届选举的必备的资料,这不仅加快了换届的进度,保证了会议的质量,而且锻炼了干部。

### 三、广泛宣传,物色干部

居委会是居民群众的自治组织,为让更多的居民了解《居民委员会组织法》,参与、支持居委会的工作,全街道挂横幅 20 条,贴标语 160 余条,出黑板报 20 块,宣传窗 6 个,开群众会、新老代表会、协商干部会 86 次。通过宣传,较多的居民对居委会工作加深了理解,为民服务的思想进一步树立,为物色新一届的居委会干部打下了良好的思想基础。如瑞石亭居民区,年经济收入只有 3 万元,居干收入每月不到 200 元,这次换届中有两名干部要调整。经过宣传发动,有两名 50 岁以下的女同志到街道报名,乐当居委会干部,为居民服务,使这个居委会顺利地进行了换届。

### 四、开代表会,依法选举

要开好代表会,首先要选好居民代表。我街道各居民区先后召开群众会 20 多次,每个居民区产生代表 20 至 30 人,全街道共选代表 489 名,占 20 个居民区总人口的□。同时,在代表中民主协商居委会干部候选人,主要采取三种方法进行:一是原居委会班子作为组织提名;二是居民小组长提名;三是楼群、墙门代表和居民会议提名。而后召开民主协商会确定正式候选人。

开代表会议是出成果的关键时刻,必须认真对待。我们的主要做法:一是做好准备工作,主要是做好材料准备,同时在会场里贴标语、插彩旗、设主席台,既节约又庄严隆重,让代表们有光荣感。二是严格选举程序,会议开始时奏国歌,接着作工作报告、财务工作报告,介绍候选人情况,通过选举办法,通过监、计票人名单,投票完毕当场唱票,整个过程均符合《组织法》的要求,代表们比较满意。

### 五、组织培训,进入角色

这次换届选举中,新进入班子的干部职工占 30.12%。为让他们尽快熟悉业务,较好地开展工作,我们在 10 月 15 至 16 日举办了居委会新老正副主任培训班。这次培训,政治上,由街道党工委领导讲解十四届六中全会精神,宣讲《城市居委会组织法》;工作上,重点讲解区第二轮达标、创示范的 10 项工作,请凯旋街道商教一居委会主任、省优秀党员、市十佳居委会主任、区劳动模范张佩华介绍如何当好居委会主任的经验;工作方法上,街道党工委副书记李德顺同志在培训班总结讲话中,详细阐述了当好居委会干部要做到:德、识、才、学、意、体等六个方面的要求。通过培训,许多干部反映,这次培训既在政法上、思想上受到了教育,而且使自己明确了工作重点和要求,学会了开展工作的方法。在集中培训的基础上,街道各部门将分线进行培训,详细讲解工作任务和要求。

我们还十分注意离任居干的思想工作,对退下来的干部,街道领导都和他们谈心,让他们高高兴兴离开,今后继续关心、支持居委会的工作。同时,按街道规定发给了一次性的补助金,居委会分别召开了欢送会,发了纪念品。

从这次换届工作的总体来看,换届是成功的,进展是顺利的。但有少数居委会班子虽然团结、"三自"作用能发挥,这次换届时人员便没有调整;而有的干部年龄偏大,文化偏低,不能适应新形势的要求,有待在今后的工作中逐步调整。

1996 年 10 月 24 日

【由杭州市上城区紫阳街道办事处提供】

# 转发杭州市上城区计生局《关于开展
# 创建计划生育合格居委会的意见》的通知①

上政办〔1996〕84 号

区政府直属各单位,各街道办事处:

　　区计生局《关于开展创建计划生育合格居委会的意见》已经区政府研究同意,现转发给你们,望认真贯彻执行,切实将该项工作做好。

杭州市上城区人民政府办公室

1996 年 10 月 30 日

## 关于开展创建计划生育合格居委会的意见

　　根据中共杭州市委、市人民政府《关于进一步加强计划生育工作的决定》精神,以及市、区 1996 年人口与计划生育目标管理责任书中的有关要求,为进一步在全区范围内扎扎实实开展创建计划生育合格居委会活动,提出具体意见如下:

　　一、创建活动指导思想

　　开展创建计划生育合格居委会的目的,旨在认真贯彻执行市委、市政府《关于进一步加强计划生育工作的决定》,强化基层基础建设,提高计划生育工作的总体水平,促进“两个文明”建设,力争今年计划生育合格居委会创建率达到 80％以上。

　　二、计划生育合格居委会的条件

　　(一)组织建设

　　1.建有党政一把手任组长的人口与计划生育领导小组,并发挥领导和协

---

　　①　原文标题为《转发区计生局〈关于开展创建计划生育合格居委会的意见〉的通知》。

调功能。

2.居委会计生人员落实,工作落实。

3.建有居委会级的计划生育协会,建好"会员之家",并落实会员联系户制度,达到合格协会标准。

（二）基础工作

1.建有各类台账,准确上报各类统计数字,做到报表、实际、台账三符合。

2.对计生重点管理对象,做好避孕药具管理发放、查访和孕情、环情监测。

3.开展新家庭计划和全程优质服务活动,做到宣传、服务上门到人,无政策性遗留问题。

4.关于流动人口的基本情况,居委会要建立常规的登记、统计制度,出具、验核《计划生育情况证明》达到100％以上。

（三）工作指标

1.无计划外生育,无未批先育。

2.除特殊情况照顾登记结婚外,无早婚早育现象。

3.无非法领养,无外来人员计划外生育,无大月份引产。

4.已婚育龄妇女均落实节育措施。

三、创建活动要求

1.要统一对开展创建计划生育合格居委会活动意义的认识,切实加强领导,认真布置实施,使这一活动成为加强计划生育工作规范化、经常化、科学化、法治化建设的一个重要步骤。

2.计划生育合格居委会的评定:由街道办事处严格按条件进行考核后提名,报区计划生育委员会审核,由区政府批准公布。

3.将计划生育合格居委会列入评选先进集体和文明单位的基本条件。

4.区计划生育委员会从1996年起,在下年1月底前将上一年命名计划生育合格居委会的情况报市计划生育委员会。

上城区计划生育委员会

1996年10月29日

【由杭州市上城区档案馆提供】

# 杭州市上城区紫阳街道依法加强居委会
# 建设促进"三自"作用的发挥①

　　我们紫阳街道有居民 15655 户,40345 人,分为 26 个居民区,其中,市级示范区 3 个,区级示范区 3 个,文明居民区 11 个。

　　几年来,在区委、区政府的正确领导下,在市、区民政局指导下,以《城市居委会组织法》为依据,不断加强居委会的建设,基本达到组织健全、制度公开、工作规范、文明办公,"三自"作用得到发挥,促进了社会的稳定。我们的主要做法如下:

　　一、坚持民主选举干部,完善居委会组织。居委会是国家基层政权的重要基础,是党和政府联系人民群众的桥梁和纽带。在实践中,我们感到加强居委会的建设,对于贯彻落实党的路线、方针和政策,对于调动广大居民群众当家做主的积极性,对于稳定社会,对于"两个文明"建设都具有十分重要的意义。因此,我们十分重视居委会的班子建设。自 1990 年 1 月 1 日《城市居委会组织法》施行以来,我们都坚持依法民主选举居委会干部,做到代表由群众选,干部候选人由群众提名、协商产生,按选举程序、无记名投票选举产生居委会正副主任和委员。这样选出来的干部,群众拥护,干部有责任感、荣誉感,为群众服务威信就高,号召力就强。同时,这也增强了群众的民主意识,增强了居委会的凝聚力。在居委会正副主任的配备上,每个居委会设 4 至 5 名,人选的来源上,按照政治强一点、年纪轻一点、文化高一点、身体好一点的原则,主要从四个方面挑选:一是从单位岗人员中选拔;二是从辖区单位选派;三是从社会招聘;四是从退休人员中物色。特别是通过今年的换届选举,干部的整体素质有较大提高,平均年龄 57 岁,比上届下降 3 岁,其中 50 岁以下的有 20 名占 24.1%;党员 43 名占 45%;大专文化占 2.4%;高中文化占 22.9%;初中文化占 37.35%;小学文化占 37.35%。我们抓居委会班子建设还注意随缺随补,使班子始终保持健全,工作正常稳定。

---

　　① 　原文标题为《依法加强居委会建设　促进"三自"作用的发挥》。

二、坚持培训制度,提高干部素质。随着新形势的发展,每年对居委会干部都有新的任务、新的要求。我们采取三种方法进行培训:一是集中培训。以居委会组织为依据,联系实际,由街道领导和部门负责人系统授课。二是分线培训。就是各部门以会代训,详细阐述各线的工作和要求。三是例会培训。各条线都建立了一月一次的例会制度,汇报工作,交流经验,布置任务,使整个居委会工作有条不紊地进行。

三、努力服务基层,促进"三自"作用发挥。《城市居委会组织法》关于街道与居委会的关系中指出,街道可以对居委会有关的下属委员会进行指导。从现实情况看,不仅要进行指导,还要进行服务。有些居委会的干部因任职时间不长、文化偏低,工作有一定难度,这就需要我们去帮助、指导。如台账如何记,我们先在较好的居委会进行试点,填好样本,然后组织学习,再个别帮助、指导,使各居委会的台账达到规范化。又如居委会的换届选举,许多主任不能写工作报告,选举程序也不懂,我们除组织试点、介绍经验外,还为居委会准备了工作报告、财务报告、选举办法、会议议程、代表登记表、会议通知等18份参考资料,使换届选举能依法进行,同时也锻炼了干部。经过一系列的帮助、指导,居委会的"三自"功能得到加强。在自我管理上,都建立了居民代表会议制度,实行民主决策、民主管理、民主监督;在自我教育上,建有七项职责,六项制度,家家都有居民公约,有的还办起了市民学校;在自我服务上,办起了各类便民利民的服务网络、托儿所、理发室、服装加工、修理业等固定设施380个,大大方便了居民生活。

四、大力发展三产,稳定干部队伍。居委会工作的好坏,取决于是否有一支稳定的居干队伍。随着形势的发展,只要求居干奉献,不讲报酬已经行不通,也不现实。因此,发展三产增强居委会经济实力,增加居委会干部的收入势在必行。自1990年以来,我们每年制订一个激励居委会办企业的文件,企业从50多家发展到140多家,企业有偿服务年收入达155万元。居办经济的发展,使居委会干部的收入相应增加,财政补贴和奖金加在一起,月收入500元左右的占25%,300元上下的占40%;150至200元上下的占35%。居干待遇的提高,稳定了人心,全街道26个居委会干部队伍基本稳定,保证了各项工作的正常开展。

五、健全规章制度,坚持文明办公。我们街道对居委会干部主要有两种制度,一是病事假制度,二是资金使用的审批制度。各居委会均建立了学习、工作、议事、民主生活会、财务等6项制度,做到职责、制度、规划、居民区示意图、居民公约等 10 个上墙。建立了组织建设、经济发展、社区服务、宣传教育、治安、调解、计生、卫生、绿化、民政 10 本台账。居委会办公室都进行了粉刷,特别是新的办公室都进行了装修,让群众走进办公室有舒适感,在群众心目中有个好的印象,增强居委会的凝聚力。

在居委会的建设上,我们做了一些工作,但还有许多不足之处,有些居民区干部年龄偏大,文化偏低,经济发展不平衡的状况依然存在,经济差的居民区干部难找。这些问题要在今后的工作中逐步解决。

通过这次会议,我们决心要认真学习党的十四届六中全会精神,学习兄弟单位的先进经验,按照《城市居委会组织法》的要求,进一步加强居委会的组织建设,充分发挥其"三自"作用,使居委会真正成为党和国家联系人民群众的桥梁和纽带,成为上为国家分忧,下为群众解难的群众性自治组织。

1996 年 11 月

【由杭州市上城区紫阳街道办事处提供】

# 杭州市上城区紫阳街道民政科 1996 年度工作总结①

在街道党工委、办事处的正确领导下,在上级民政部门的指导下,我们民政科以党的十四届四中、五中、六中全会和党的基本路线为指导方针,以《城市居委会组织法》为依据,以加强居委会建设为重点,大力发展三产,巩固扩展社区服务项目,推进民政工作的规范化、社会化,促进"两个文明"建设为指导思想,全科同志团结一致,勤奋工作,保质保量地按时完成了街道党工委、办事处和上级民政部门布置的各项任务如下。

## 一、抓换届,加强居委会建设

1. 居委会依法换届。我街道 26 个居民区,除 5 个拆迁、1 个物业管理外,应换届的 20 个居委会,从 8 月 6 日起至 9 月 24 日止,均已依法进行了换届选举。选出正副主任 83 名,委员 31 名。正副主任中新选入的有 25 名占 30.12%;主任、书记一肩挑的有 11 名占 55%。平均年龄 57 岁,其中 50 岁以下的有 20 名占 24.1%;党员 34 名占 40.96%;大专以上文化的有 2 名占 2.4%,高中文化的有 19 名占 22.9%,初中文化的有 31 名占 37.35%,小学文化的有 37 名占 37.35%,干部的整体素质有较大提高,促进了"三自"作用的发挥。

2. 培训居干,进入角色。这次换届选举中,新进入班子的居干占 30.12%,为让他们尽快熟悉业务,较好地开展工作,我们在 10 月 15 日、16 日对 108 名新老正副主任进行了培训。政治上,宣讲十四届六中全会精神、《城市居委会组织法》;工作上,重点讲解区第二轮达标、创示范的 10 项工作,传授如何当好居委会干部的经验;工作方法上,由街道领导阐述要当好居干必须做到德、识、才、学、意、体 6 个方面的要求。通过培训,居干纷纷反映,政治思想得到了提升,明确了工作重点要求,学会了开展工作的方法。在集中培训的基础上,各部门还分线进行培训,详细讲解任务和要求。

3. 认真开展上等级创示范活动。这是居委会建设的重要内容之一,为此,我们做到年初有计划,抓重点,细心帮。经区政府验收,初定一级居委会 1 个

---

① 原文标题为《紫阳街道民政科 96 年度工作总结》。

(过军),二级 1 个(十五),三级 2 个(平安、抽分)。已达标的居委会 21 个,总达标率为 84%,报区级示范 1 个(十五)。

4.对未换届的 5 个居委会调整、充实干部 5 名,为选举打下了基础。

## 二、抓三产,居办经济稳步发展

为激励居办企业的发展,重新规范下发了奖励制度,加强管理力度,办理工商执照年检 150 多家,办理了税务证的年检和换发新证,财税检查 12 家,办理卫生许可证、环保排污年检和换发新证 70 多家,办理了基本单位的普查和工作人员培训。一年中,新办企业 10 家,变更 44 家,报停 19 家,现有企业为 150 余家。预计完成产值 14351.91 万元,销售 2840 万元,企业利润 35.82 万元,居民区收入 170 万元。其中,15 万元以上 3 家(万松、袁井、彩霞),10 万元以上两家(过军、雄镇),5 万至 9 万元 7 家,5 万元以下 13 家。

## 三、抓服务,便民利民更完善

居委会普遍增加了一批固定设施和老年人活动室,服务项目从原来的 2700 项增加到 2730 余项;街道组织大型服务活动 4 次,出动志愿者服务队 260 余支(次),出动人员 330 余人次,受益人员 3300 余人次;居民区志愿者协会会员人数继续增加,会员已达 2350 余人,占总人口的 6% 以上,全年服务 33000 余人次,深受群众欢迎。

## 四、抓管理,行政工作规范化

1.殡葬管理。首先组织居委会干部认真学习市政府的殡改条例,统一认识,明确做法;进一步健全了殡改联络员队伍;与 25 个居委会签订了殡葬管理的协议书;全年死亡 272 人,火化率 100%,黑板报展览获市二等奖。

2.敬老院管理。调整了管理人员;吸收了两名托管老人;提高了工作人员待遇,让他们更安心工作;结对送温暖单位从 30 余家增加到 40 余家;7 位孤老全部认了干子女;提高了伙食标准;对老人们的教育进一步加强,继续保持了市一级敬老院的光荣称号。

3.工疗站管理。调整了街道精神卫生工作领导小组,调整了工疗站的站长和工作人员,修订了职责、规章制度,添置了电视机、录音机和一批文体用品,使三疗一教育更趋完善,同时街道花 15000 余元钱装修了房屋,改善了环境面貌,经市、区精神卫生领导小组验收,上升为二级工疗站。

4.残疾人管理。一年来,在区残联的帮助下,我们认真宣传了《残疾人保障法》,召开会议宣传 5 次,出黑板报 28 块,并参加区市黑板报展览,分别获一、二等奖;开展双向服务 4 次,参加 8 人次,受益人员 40 余人次;组织 30 余名残疾人在植物园进行《残疾人保障法》有奖知识竞赛,有 20 人获奖;组织工青妇走访、慰问特困残疾人 3 户;办理发放残疾证 63 人;接待来访残疾人 120名,为残疾人办理慈善卡 5 张;临时救济残疾人 33 人次,共计 2732.70 元;组织 2 名残疾人参加区文艺表演,宋胜强获三等奖。

5.拥军优属。走访部队 4 次;大型军民联欢会 1 次;军民茶话会 16 次(其中居民区 14 次);黑板报宣传 75 块(次);走访烈军属 362 次;为烈军属举行大型服务活动两次,出动 279 人,受益人员 1225 人次,优惠金额 3000 元。14 个挂牌服务单位全年"三优"服务 5000 余人次,居委会发动群众为烈军属做好事200 余件,街道慰问老红军 3 名,赠送礼物 350 元,街道赠送烈军属慰问品 320户(次),金额 2100 元。街道和居委会用于拥军优属联欢会、座谈会、礼物总金额为 15000 余元。

6.救灾救济。救灾:发动全地区职工、居民救济南充县衣被 237 袋,21219件。救济:筹资 30 万元,成立了解困基金会;长期定救 14 户,临时救济 46 户,办理最低生活保障 9 户,共发放救济金 35000 余元,其中街道解困基金支出7566 元,同时给 15 户困难户发放了棉被、棉衣、棉毛衫、棉鞋等保暖用品,让他(她)们安全过冬。

7.信访工作。一年中,共接待处理来信来访 23 件,均做到了件件有登记、有答复。

8.收送社会弃婴两名,办理收养两名。

五、其他工作

1.财产保险。为 16 个居民区的 788 户居民办理了家庭财产保险,投保额为 1056 万余元。

2.退休人员管理。现有代管退休人员 131 名,每月协助财务部门发放工资,并及时为他们办理转院、医药费报销等。

3.爱国储蓄。完成爱国储蓄 310 万元,8 个居民区被评为区级先进,街道被评为市、区级先进单位。

1996 年 12 月 25 日

【由杭州市上城区紫阳街道办事处提供】

# 1997

# 上海市街道办事处条例

(1997 年 1 月 15 日上海市第十届人民代表大会常务委员会第三十三次会议通过,1997 年 1 月 24 日公布,自 1997 年 3 月 1 日起施行)

第一条  为了加强本市街道办事处的建设,发挥街道办事处的作用,密切政府与群众的联系,根据《中华人民共和国地方各级人民代表大会和地方各级人民政府组织法》和有关法律、法规的规定,结合本市实际情况,制订本条例。

第二条  街道办事处是区人民政府的派出机关,受区人民政府领导,依据法律、法规的规定,在本辖区内行使相应的政府管理职能。

第三条  街道办事处的工作以社区管理和社区服务为重点,开展社会主义物质文明、精神文明建设,创建安定团结、环境整洁、方便生活的文明社区。

第四条  街道办事处的设立、变更或者撤销,应当根据地域条件和居民分布状况,符合便于联系群众和有效管理的要求。

街道办事处的设立、变更或者撤销,由区人民政府向市民政局提出,市民政局审核同意后报市人民政府批准。

第五条  街道办事处设主任一名,副主任若干名。

街道办事处主任、副主任由区人民政府任命。

第六条  街道办事处按照精干、高效的原则,下设社会发展、市政管理、社会治安综合治理、社会保障、财政经济等机构。

街道办事处工作机构的设立、变更或者撤销,由街道办事处提出,报区人民政府批准。

第七条  街道办事处的行政事业经费和办公用房,由区人民政府按照国家和本市的有关规定负责解决。

第八条  街道办事处的职责:

(一)指导、帮助居民委员会开展组织建设、制度建设和其他工作;

(二)开展便民利民的社区服务;

(三)兴办社会福利事业,做好社会救助和其他社会保障工作;

(四)负责街道监察队的建设和管理;

(五)开展计划生育、环境保护、教育、文化、卫生、科普、体育等工作;

（六）维护老年人、未成年人、妇女、残疾人和归侨、侨眷、少数民族的合法权益；

（七）组织实施社会治安综合治理规划，开展治安保卫、人民调解工作；

（八）开展拥军优属，做好国防动员和兵役工作；

（九）参与检查、督促新建改建住宅的公共建筑、市政设施配套项目的落实、验收工作，协助有关部门对公共建筑、市政配套设施的使用进行管理监督；

（十）配合做好防灾救灾工作；

（十一）管理外来流动人员；

（十二）领导街道经济工作；

（十三）向区人民政府反映居民的意见和要求，处理群众来信来访事项；

（十四）办理区人民政府交办的事项。

第九条　街道办事处实行主任负责制。主任主持街道办事处的全面工作，其主要职责是：

（一）组织实施本条例第八条规定的各项工作；

（二）召集和主持街道办事处办公会议；

（三）负责街道办事处工作人员的任免、培训、考核和奖惩工作；

（四）决定街道办事处的其他重大事项。

街道办事处副主任协助主任工作，主任因故缺位时，由一位副主任代行主任职责。

第十条　街道办事处设立街道监察队。街道监察队由街道办事处领导，并接受有关行政主管部门的业务指导和监督。

街道监察队在辖区内对违反市容、环境卫生、环境保护、市政设施、绿化等城市管理法律、法规规定，以及违法建筑、设摊、堆物、占物、占路等行为，应当责令改正，并可以依法对单位处以警告、一千元以下的罚款，对个人处以警告、五十元以下的罚款；有权暂扣违法物品、违法所得，拆除违法建筑。对超越处罚权限的，街道监察队应当移送区的有关行政主管部门处理。

当事人对街道监察队的处罚决定或者管理措施不服的，可以依法向区的有关行政主管部门申请行政复议或者直接向人民法院提起行政诉讼。

街道监察队员应当经过培训，持证上岗，依法管理，依照法定程序实施行政处罚。不得玩忽职守、滥用职权、徇私舞弊。

街道监察队的组织办法、工作制度、实施方案、与其他行政执法部门之间的具体职责分工，以及对违反城市管理法律、法规规定的单位或者个人实施行政处罚的具体办法,由市人民政府另行规定。

第十一条　街道办事处有权组织、协调辖区内的公安、工商、税务等机构,依法支持、配合街道监察队的执法活动。

街道办事处可以召开由辖区内有关单位参加的社区联席会议,商讨、协调社区建设和社区服务事项。

第十二条　街道办事处有权对区人民政府有关部门派出机构主要行政负责人的任免、调动、考核和奖惩,提出意见和建议。区人民政府有关部门在决定上述事项前,应当听取街道办事处的意见和建议。

第十三条　街道办事处可以召开居民委员会主任会议或者居民委员会的有关委员会主任会议,研究、指导工作。

第十四条　街道办事处通过街道居民代表会议,对涉及地区性、社会性、群众性的重要事项进行沟通和协商,听取意见、建议,接受监督。街道居民代表会议由辖区内居民和单位推荐的代表组成。

第十五条　街道办事处应当组织辖区内的单位和居民,共同做好下列工作:

(一)建立、完善社区服务体系,开展社区服务,提高居民生活质量;

(二)举办文化、教育、体育和娱乐活动,普及科学、法律知识,提高居民的文明素质;

(三)开展绿化的保护和建设工作,维护社区整洁,优化生活环境;

(四)健全治安防范网络,创建安定的社会秩序;

(五)其他社区建设工作。

市、区人民政府应当将社区建设工作纳入经济建设和社会发展规划。市、区人民政府的有关部门应当支持社区建设工作。

第十六条　街道办事处应当遵守法律、法规,依法办事。区人民政府对街道办事处的错误决定和违法行为,应当及时纠正、处理,并视情节轻重,对主管人员和直接责任人员给予批评教育、行政处分。

第十七条　本条例的具体应用问题,由市民政局负责解释。

第十八条　本条例自 1997 年 3 月 1 日起施行。

# 关于印发《杭州市先进街道标准》
# 《杭州市示范居民委员会标准》的通知①

杭民〔1997〕局字第 031 号

各县(市)、区人民政府、滨江区筹备领导小组:

　　根据杭政办发〔1997〕24 号《关于开展杭州市先进街道、示范居民委员会评比的通知》精神,经市政府同意,现将《杭州市先进街道标准》《杭州市示范居民委员会标准》和推荐表印发给你们,请根据文件要求,对照评比标准,结合各地实际,积极开展争创活动,搞好推荐和评比工作,推动我市城市基层政权和基层组织再上新台阶。

杭州市民政局<br>1997 年 3 月 20 日

## 杭州市先进街道标准

　　一、认真贯彻执行党的基本路线、方针、政策和国家的法律、法令、法规,切实加强精神文明建设和物质文明建设,坚持"两手抓",做到"两手硬","两个文明"建设工作居所在区的前列。

　　二、努力抓好街道自身建设,组织机构设置符合《杭州市街道办事处暂行规定》的要求,各项规章制度健全完善,领导班子党风正、作风好、团结协调、有开拓精神,干部廉洁奉公、勤政为民,能够充分发扬民主,密切联系群众。街道各项工作完成出色,成绩显著,是区级先进街道。

　　三、精神文明建设成绩突出。

　　1. 建有一个比较完善的市民学校,对广大居民开展经常性的思想道德、法治、科普、卫生等方面的宣传教育,辖区内有 70% 以上的居民受到《杭州市民守则》专题教育,90% 以上居民基本了解《杭州市民守则》内容。

---

　　①　原文标题为《关于印发执法责任制和依法治理居民区考核实施办法(试行)的通知》。

2.广泛开展学雷锋、学英模活动;重视精神文明宣传,倡导文明新风、文明单位、文明墙院(楼层)和文明家庭;辖区争创面不少于50%。

四、计划生育工作常抓不懈,组织落实,制度健全,年人口出生未突破指标,计划生育符合率达到100%,晚婚率达到90%以上,综合节育措施落实率达到98%以上,无非法领养,无外来计划外生育,计划生育合格居委会达到80%以上。

五、社会治安工作成绩突出,配备专抓综治工作的党政副职,综治办列入街道序列。经费、任务落实并取得明显成效;对外来人员严格管理,做到底数清、情况明,登记率和领证率均达到95%以上;社会治安秩序良好;民主与法治宣传教育制度化、经常化;辖区内未发生重大火灾责任事故;刑事发案有所遏制。凶杀、爆炸、强奸等暴力案件破案率达85%,基本无封建迷信活动和赌博现象;加强对失足青少年、"两劳"回籍人员和后进人员的帮教工作,帮教率达到95%,停止违法犯罪活动率达到90%以上。

六、人民调解工作:定期组织调解人员培训,认真贯彻"调防结合、以防为主"的调解方针,积极开展调解工作,年调解率达到100%,调解成功率达到95%以上,无因民事纠纷激化而引起的非正常死亡事件发生。

七、市容卫生工作:组织领导和管理制度健全落实,各类资料齐全,积极开展卫生宣传及健康教育,严格执行门前"三包"责任制,市容环境卫生清洁整齐,"四害"少见,密度控制在国家标准以内,辖区单位、居民区卫生达标率在90%以上,无违章饲养家禽,在全市"洁美杯"竞赛活动中,年度考核为优胜街道的,必须是市级卫生先进街道。

八、绿化工作有专人负责,有规划,有目标,积极开展全民义务植树活动。有50%以上的居民区达到市绿化精细养护质量管理标准,或是市级绿色街道,树木花草成活率达到90%以上,辖区内无新违反绿化法规事件发生,或能积极认真地配合主管部门加以从严查处制止。

九、妇女组织健全,活动正常,台账齐全,记录完整,积极开展"巾帼建功"活动和五好文明家庭、五好墙门(楼群)创建活动。五好文明家庭不少于总户数的35%,并努力树立一批美好家庭和特色家庭。

十、文化工作:建有文化站、室,积极开展群众性文体活动,内容丰富,效果良好。

十一、拥军优属工作达到市双拥领导小组制订的《杭州市双拥模范街道、乡(镇)命名和管理办法》中规定的标准。

十二、婚姻登记和殡葬管理工作:大力提倡婚事新办、丧事简办。婚姻登记员培训上岗,相对稳定,认真做好婚姻登记日常工作,严格依法办事,无违法婚姻,是市级标准婚姻登记处。坚持殡葬改革,做到辖区内无销售丧葬迷信用品和迷信活动,各项管理制度落实,管理组织和信息员队伍健全,活动正常,作用发挥好,火化率达100%。

十三、街道社区服务网络基本形成,做到有组织、有设施、有活动、有规划,区域联片共建活动开展较好,与辖区单位建立良好关系,有协调机构,能充分利用单位设施为社区居民提供各种服务,达到杭州市社区一级服务标准。

十四、依法有效地指导居委会的组织建设和制度建设,深入开展创建示范居委会活动并取得成效,有计划地培训居委会干部,培训率达100%,建立街道市(居)民代表会议制度,强化居委会经济管理并归口民政科管理。

# 杭州市示范居民委员会标准

## 一、组织机构健全

1.居民委员会成员依据《中华人民共和国城市居民委员会组织法》的有关规定民主选举产生。

2.人民调解、治安保卫、公共卫生、民政福利等下属工作委员会与妇代会、老龄委等机构健全,能正常开展工作,充分发挥作用。

3.每个居民小组由50户左右居民家庭组成,选有小组长和墙门(楼群)代表。

## 二、各项制度完善

1.居民委员会定有3年任期目标、年度工作计划以及学习、会议、廉政等制度。

2.居民委员会和各工作委员会有各司其职的岗位责任制,并有相应的群众监督制度和评议居民干部制度。

3.居民委员会各项工作的基础资料齐全,建有必要的图表、簿册、会议记录和居委会干部、文书档案。

4.制订居民会议(或居民代表会议)议事规则和居民公约,并能很好地贯彻施行。

5.建有完善的财务管理制度和检查制度,收支账目公开,接受国家有关部门和居民会议监督。

6.居民委员会开展工作、决定问题本着少数服从多数的原则,居民委员会民主生活会每年至少开两次。

### 三、坚持四项基本原则,处理好与各方面的关系

1.认真贯彻执行党的基本路线、方针、政策和国家的法律、法令、法规,切实加强精神文明建设和物质文明建设并取得显著成绩。

2.坚持四项基本原则,保持社会稳定和居民生产生活的安定。

3.自觉认真地接受政府和它的派出机关的指导,积极主动地协助政府和它的派出机关开展工作。

4.居民委员会开展自治活动,要坚持社会主义民主的原则,坚持居民自愿的原则,坚持大家的事大家办的原则。相信群众,尊重群众,遇事多同群众商量,有关全体居民利益的重大问题,要经过居民会议讨论和通过,及时向政府和它的派出机关反映居民的意见、要求和建议,每年至少召开1次居民会议或居民代表会议,并认真组织执行居民会议的决议。

5.密切与辖区单位的关系,建立联系组织和制度,做到共管、共建、共兴、共荣,促进本地区"两个文明"建设的发展。

6.自觉接受居民区党支部的政治领导。

### 四、充分发挥"三自"作用,各项工作成效显著

1.自我教育要求有固定的教育阵地(如居民学校等)和宣传设施(如黑板报、阅报栏或有线广播、有线电视等),采取多种形式向居民宣传党的路线、方针、政策和国家法律、法令、法规,经常性开展"四有""五爱"社区教育和丰富多彩的社区文体活动,坚持移风易俗宣传,鼓励婚事新办、丧事简办,争创五好楼群、五好家庭分别达到30％和40％,争做文明市民。

2.自我服务要求积极兴建社区服务设施,形成服务网络,建立社区自愿者服务组织,并能正常开展活动。

3.自我管理要求做到有组织、有人员、有制度、有措施、有效果。社会治安状况良好,家庭邻里和睦,基本无封建迷信活动和赌博现象,无重大案件或非正常死亡事件发生,是安全居民区。积极组织居民治脏、治乱、消灭"四害"、植树、种花、美化环境,是卫生绿化先进居民区。

4.居民委员会基本建设好,有固定的能满足开展各项工作需要的办公用

房、办公用具和活动场所。

　　5.计划生育、优抚救济、青少年教育等其他工作完成出色。

　　　　　　　　　　　　　　　　　　【由杭州市上城区档案馆提供】

# 杭州市上城区关于印发《执法责任制》和《依法治理居民区考核实施办法》（试行）的通知①

上委办〔1997〕15 号

区直各党委、工委、总支、支部,区级机关各单位:

经区委、区政府领导同意,现将执法责任制和依法治理居民区考核实施办法(试行)印发给你们,望认真贯彻执行。

中共杭州市上城区委办公室

杭州市上城区人民政府办公室

1997 年 3 月 26 日

## 上城区执法责任制考核实施办法(试行)

一、组织领导(25 分)

1.部门建立健全执法责任制工作机构,有组织、有计划地认真开展。(5 分)

2.部门执法责任制工作有领导分管,并配备专职或兼职工作人员。(3 分)

3.部门执法责任制工作做到规范化、民主化、法治化。(4 分)

4.部门能积极参加"三五"普法,组织学习专业法律、法规,并且考核成绩均在合格以上。(6 分)

5.部门执法人员均有执法工作证件。(2 分)

6.部门执法责任制工作纳入目标管理考核范围,做到半年一次检查,年终集中考核。(5 分)

---

① 原文标题为《关于印发执法责任制和依法治理居民区考核实施办法(试行)的通知》。

二、执法工作(**50** 分)

1.部门有执法责任制实施方案,做到职责明确。(6 分)

2.部门执法岗位分解到各科、室,任务落实到专人。(4 分)

3.部门做到依法管理、民主管理,无推诿扯皮现象。(4 分)

4.部门做到依法行政、依法司法,无越权执法、滥用职权、以权谋私、滥施处罚、卡拿索要、收受贿赂、打击报复等违法行为。(7 分)

5.部门严格按照执法程序进行,各种处罚符合规定。(5 分)

6.部门执法人员执行公务携带执法证。无"三乱"现象存在(乱收费、乱罚款、乱摊派)。(6 分)

7.部门能正确及时处理控告、申诉和群众来信来访,无久拖不决的案件。(6 分)

8.部门能认真学习行政诉讼法、行政复议条例、国家赔偿法、行政处罚法。(6 分)

9.部门无因违法行为而引起的诉讼案件。(6 分)

10.部门发生错拘、错捕、错判、败诉以及引起赔偿责任的,根据不同情况另扣 5～20 分。

三、制度建设(**25** 分)

1.部门制订的执法责任制,包括指导思想、目标要求、学习宣传、执法岗位、监督检查、错案追究、组织领导,做到落实到位。(4 分)

2.部门有执法工作制度、办事公开规则和群众监督网络。(5 分)

3.部门有较完善的追究错案赔偿责任制和监督管理的措施。(5 分)

4.部门建立执法登记统计制度,包括学法、执法检查、诉讼案件等,做到准确记录,并有处理结果。(6 分)

5.部门每年有执法工作总结,并按照规定上报各类执法报表。(5 分)

6.部门执法经验材料被中央及省、市转发或执法成绩显著,评为先进集体或立功的,另加 5～20 分。

# 上城区依法治理居民区考核实施办法(试行)

一、积极组织实施"三五"普法教育(**40 分**)

1.班子成员带头学法,"三五"普法培训率和考试合格率均达 90％。(5 分)

2.能坚持"学法日"制度,每季不少于半天。(5 分)

3.每年不少于两次组织群众学习法律法规,到课率达 80％以上。(10 分)

4.充分利用黑板报、墙报等形式,宣传法律知识,每季出法治黑板报一期。(5 分)

5.台账登记制度齐全(包括学法内容、学法时间、干部、群众到课人数、干部考试成绩、黑板报出刊时间、内容等)。(10 分)

6.班子成员能执行党的方针、政策、法律、法规,没有违法乱纪现象。(5 分)

二、有依法治理的规划和实效(**40 分**)

1.根据基层依法治理有口号、有计划、有重点、有制度、有组织的要求,落实工作计划,并明确责任人。(8 分)

2.有效治理环境卫生,没有卫生死角。(8 分)

3.全年没有发生计划外生育。(8 分)

4.没有发生重特大火灾和刑事案件;民间纠纷受理率 100％,调解成功率 95％;没有发生民转刑和非正常死亡事件。(8 分)

5.能从实际出发,明确主攻方向,并有依法治理实效。(8 分)

三、组织领导(**20 分**)

1.居民区建立了依法治理普法领导小组,分工明确。(5 分)

2.领导班子团结,齐心协力抓工作,精神面貌和整体法律素质有提高,并为群众所信任。(5 分)

3.对普法和依法治理注意总结经验,半年有情况分析,年终有总结,并有文字材料。(10 分)

【由杭州市上城区档案馆提供】

# 上海嘉定区居民会议制度实施办法

第一条　(目的、依据)为规范本区的居民会议制度,进一步把居民委员会建设成自我管理、自我教育、自我服务的基层群众性自治组织,保障居民群众当家做主的民主权利,促进社区的管理,依据《中华人民共和国城市居民委员会组织法》的有关规定,结合本区实际,制订本办法。

第二条　(实施范围)本区在居民委员会中全面实行居民会议制度。

第三条　(居民会议的性质、作用)居民会议是居民发扬民主的组织制度和民主决策的组织形式。居民会议对重要议题实行民主决策,对居委会实行民主监督。

居民会议的决定不得与法律法规相悖。

第四条　(居民会议的职权)居民会议的职权如下:

(一)听取并审议居民委员会的工作报告和资金筹集的收支情况报告;选举、撤换或补选居民委员会成员;

(二)讨论并决定居民区社区建设规划、居民委员会年度工作计划及实事项目;

(三)讨论并决定完成镇人民政府工作或街道办事处委托的工作任务的措施;

(四)讨论并决定涉及全体居民利益的重要问题;

(五)制订和修改居民公约;

(六)撤换或补选居民委员会成员,或居民自治章程,监督居民公约或居民自治章程的执行;

(七)评议居民委员会干部;

(八)纠正居民委员会在日常工作中做出的错误决定。

第五条　(居民会议的形式)居民会议分全体居民会议、户代表会议和居民代表会议三种形式。除法律有特别规定外,三种会议具有同等的职权。

有五分之一以上的 18 周岁以上的居民或者五分之一以上的户提议时,应当召开全体居民会议或者户代表会议。平时,可召开居民代表会议。

选举居民委员会,按照《中华人民共和国城市居民委员会组织法》的规定召开居民会议。

第六条 （不同形式的居民会议的组成）全体居民会议由 18 周岁以上的全体居民组成；户代表会议由每户派代表组成；居民代表会议由每个居民小组民主推选的代表和当然代表①组成。

居民委员会成员、居民小组长和在居民委员会辖区内工作的人大代表为当然代表，与民主推选的居民代表具有同等的权利和义务。

第七条 （居民代表的产生）居民代表由居民小组组织居民民主推选，一般每个居民小组产生 1 至 2 名。居民委员会应指导各居民小组民主推选居民代表。居民推选产生的居民代表应具有代表性，妇女代表占有的比例应不低于 30%。

第八条 （居民代表应具备的条件）居民代表应具备的条件如下：

（一）拥护党的路线、方针和政策，执行国家的法律法规；

（二）遵纪守法，以身作则；

（三）关心和支持居民委员会工作，联系群众，在居民中具有一定的威信；

（四）有一定的参政议政能力；

（五）依法具有选举权和被选举权。

第九条 （居民代表的权利和义务）居民代表享有如下权利：

（一）在平时，对居民委员会的工作有提出意见、建议和批评的权利；

（二）在居民代表会议上，有充分发扬民主的权利和表决权。

居民代表应尽如下义务：

（一）居民委员会应当指导居民小组安排居民代表联户，居民代表应倾听并及时向居民委员会反映小组联户居民的意见和要求；

（二）应在联户居民中宣传居民代表会议的决定，协助居民委员会在居民中开展工作。

第十条 （居民委员会与居民会议的关系）居民委员会是居民会议的执行机构，向居民会议负责并报告工作。

涉及全体居民利益的重要问题，居民委员会必须提请居民会议讨论决定。

第十一条 （居民会议的召开）居民会议每半年至少召开一次。有符合本

---

① 当然代表：居民代表的产生有两种方式，一种为民主推选方式，另一种为非民主推选方式，后者产生的当然代表为必须参加会议的工作人员，如居民委员会成员、居民小组长和在居民委员会辖区内工作的人大代表。——编者注

办法第五条第二款规定的居民数或者户数的提议,以及有三分之一以上的居民代表和当然代表提议,应当及时召开相应的居民会议。

除召开选举居民委员会的会议外,居民会议一般由居民委员会召集并主持。议题一般由居民委员会提出,也可以由五分之一以上的18周岁以上的居民、五分之一以上的户代表或者三分之一以上的居民代表和当然代表联名提出。

居民委员会应当在居民会议召开前3天通知出席对象,并告知议题。召开居民代表会议,居民代表应当认真征求小组联户居民的意见。

第十二条　(居民会议的一般内容)居民会议一般包括如下内容:

(一)传达学习上级对居民委员会工作的要求;

(二)听取并审议居民委员会的工作报告和财务收支情况报告;

(三)讨论决定重要的居务。

第十三条　(居民会议应坚持的原则)居民会议议事应遵循如下原则:

(一)贯彻党的路线、方针和政策的原则;

(二)遵守国家的法律、法规和规章的原则;

(三)少数服从多数的原则。

第十四条　(召开居民会议和居民会议决定生效的法定条件)居民会议必须有相应的会议组成成员过半数出席,才能举行。

居民会议应在充分发扬民主的基础上,对重要居务进行民主决策。居民会议的决定,必须由与会人员过半数通过,才能生效。

居民会议的决定,由居民委员会负责组织实施。

第十五条　(居民会议决定的变更)因情况发生变化,确实难以实施居民会议的决定时,应提交下一次相应的居民会议重新讨论;未经相应的居民会议通过,任何组织和个人无权改变居民会议的决定。

第十六条　(居民代表的任期、换届)居民代表任期3年,与居民委员会同时换届,可以连选连任。

第十七条　(居民代表的罢免、补选)居民代表丧失代表资格或不能履行职责时,由居民委员会提请所在居民小组召集居民讨论能否罢免。居民代表因故出缺时,由所在居民小组进行补选。

第十八条　(对镇政府、街道办事处及其所属部门的要求)镇人民政府、街道办事处及其所属职能部门应尊重居民会议的职权。

第十九条　本办法由区民政局负责解释。

第二十条　本办法自1998年5月1日起执行。

# 关于印发《中共杭州市上城区湖滨街道工作委员会、杭州市上城区湖滨街道办事处职能配置、内设机构和人员编制方案》的通知

上委〔1997〕29 号

区委各党委、工委、总支、支部、区机关各单位：

《中共杭州市上城区湖滨街道工作委员会、杭州市上城区湖滨街道办事处职能配置、内设机构和人员编制方案》已经区机构编制委员会审核，区委、区政府批准，现予以印发。

中共杭州市上城区委员会

杭州市上城区人民政府

1997 年 5 月 29 日

## 中共杭州市上城区湖滨街道工作委员会、杭州市上城区湖滨街道办事处职能配置、内设机构和人员编制方案

根据市委、市政府《关于杭州市上城区党政机构改革方案的通知》（市委〔1996〕50 号）和区委、区政府《关于印发〈上城区区级机关"三定"工作意见〉的通知》（上委〔1996〕36 号）精神，制订《中共杭州市上城区湖滨街道工作委员会、杭州市上城区湖滨街道办事处（以下简称湖滨街道党工委、办事处）职能配置、内设机构和人员编制方案》。

### 一、指导思想

以党的十四大精神为指导方针，以适应社会主义市场经济体制为要求，以加强基层党组织建设和基层政权建设为目的，紧密结合街道工作特点和街道整体发展的需要，坚持政企分开和精简、统一、效能的原则，切实理顺关系，转变职能，简政高效，强化服务，为建设经济繁荣、社会稳定、环境整洁、生活方便的文明街道提供可靠的保证。

## 二、主要职责

### (一)街道党工委的主要职责

街道党工委是区委的派出机关,对街道的各项工作实行全面领导,在街道各种行政组织、经济组织、群众组织中起领导核心作用。

1.认真贯彻执行党的路线、方针、政策和国家的法律、法令,积极组织实施上级党组织的决议,讨论决定本街道的建设、经济建设和社会事业发展的重大问题,努力完成各项任务。

2.领导基层党组织搞好党的思想、组织和作风建设,坚持党管干部的原则,依照权限,做好干部的培养、选拔、使用和管理工作。做好离退休人员的管理工作。加强对居民区党支部工作的领导,抓好街道企业党的建设,搞好人人"双争双评",负责调整基层党组织的设置和审批新党员,抓好党员队伍的教育和管理工作,充分发挥基层党组织的战斗堡垒作用和党员先锋模范作用。

3.领导街道办事处的工作,积极支持街道办事处依法行使行政管理职能,保证上级政府的政令畅通,促进街道经济和各项社会事业的发展。

4.加强街道思想政治工作和精神文明建设,搞好社会治安综合治理,办好业余党校,开展形势、政策、法治等宣传教育,提高广大党员群众的政治思想素质和科学文化素质,努力创造良好的社会环境。

5.领导人民武装、统战工作和工会、共青团、妇联、科协、工商联分会等群众组织,支持群众组织独立负责地开展工作,密切党群关系,积极开展辖区内军、警、民的联片共建活动。

6.加强党工委以及办事处领导班子的自身建设和党风廉政建设,教育党员干部自觉遵守党纪国法,不断增强廉政勤政意识,同一切违法违纪行为做坚决斗争。

7.完成区委交办的其他任务。

### (二)街道办事处主要职责

街道办事处是区政府的派出机关,在区人民政府领导下,行使基层政权的部分权力,管理辖区的行政工作。

1.贯彻执行党的路线、方针、政策和国家的法律、法规、规章,对居民进行思想政治教育和法治教育。

2.进行社会主义精神文明建设,开展创建文明街道、示范居委会活动;做好爱国卫生、计划生育、环境绿化、市容市貌、科技普及和群众文化体育工作。

3.组织、管理和发展街道集体经济,发展便民利民的第三产业,确保公有资产保值增值,监督、指导、协调经济的运行和操作,发展生活、生产服务事业。

4.指导居民委员会工作,促进居民委员会的建设,提高居民委员会的自治能力,向上级政府反映居民意见和要求,处理群众来信来访。

5.开展社会治安综合治理,做好人民调解、法治宣传,协调公安机关做好治安保卫和外来人口管理工作;加强对违法人员的帮教转化工作;保护老人、妇女、儿童的合法权益,维护社会稳定。

6.配合有关部门做好市政建设,参与制订旧城改造方案、以及旧房拆迁和住宅建设验收工作,检查督促公建配套设施的落实,加强对小区建设的管理。

7.做好本地区省、市、区属单位的有关协调工作,做好人民代表工作、密切相互之间的关系,促进共同发展,协调、督促、检查地区性、社会性工作的开展,推进社区建设。

8.积极开展社区建设工作,负责和协助做好社会救济、社区服务、拥军优属、殡葬改革、精神卫生等工作。

9.配合有关职能部门做好市政建设管理、房产管理、工商、物价、税收、征兵、防空和预防灾害、抢险救灾等工作。

10.协助有关职能部门做好劳动就业、劳动用工、青少年教育、老龄和残联工作。

11.完成区政府交办的其他任务。

三、内设机构

根据上述职责,街道党工委、办事处设立6个职能科室。

(一)党工委办公室

负责制订并组织实施街道党建工作目标责任制,搞好基层党支部工作和党员干部的培训教育管理,做好基层干部的考察、考核、选拔、任用和管理工作;抓好党的路线、方针、政策的宣传,办好街道党校;受理基层党组织和党员、机关工作人员的申诉、检举与控告,查处党员和机关工作人员中的违纪案件;负责机关工作人员的人事和劳资管理、综合信息、文秘、公文处理,文件收发、印鉴保管等工作;宣传贯彻党的统战政策;负责会议组织、档案管理;做好离、退休人员的管理工作,指导、协调工青妇等人民团体和文化等部门工作。

（二）行政办公室

负责办事处日常行政事务工作，负责行政总务、印鉴保管、行政财务、信访接待、机关后勤管理、科技普及和群众文化体育工作。

（三）经济管理科

办理街道经济日常工作，负责街道的经济发展，编制街道经济发展规划和年度计划，抓好便民利民的第三产业；负责对街道各类企业的管理、指导、监督、服务，完成各种统计报表，全面、准确、及时地反映经济运行情况，保证街道经济目标的实现，确保街道公有资产保值增值。

（四）城市管理科

负责实施本辖区的市容环境卫生管理；办理有关审批事项和进行监督管理；做好新村管理工作，配合有关部门规划、环保、防疫、土管、绿化等工作。

（五）民政科（计生办）

1.民政科：负责辖区内的烈军属、五保户、特困户优抚和残疾人、精神病人的管理及殡葬管理；指导、协助搞好居委会工作，管理和发展居民区经济。

2.计生办：负责辖区内各单位计划生育工作人员的管理和培训，负责辖区内的计划生育技术指导以及孕情监测，搞好各类避孕药具的发放与管理。依法推行计划生育，协调辖区内各单位做好育龄人群和外来人口的计划生育管理工作。

（六）综治办（司法科）

负责实施法治宣传和社会治安各项整治，健全和完善司法、调解网络，做好司法调解，协助公安部门做好治安保卫工作及违法青少年帮教工作；加强对外来人员的管理，开展法律咨询和有关法律服务。

四、人员编制和领导职数

街道党工委、办事处机关编制定为 30 名（其中：行政编制 18 名，机关事业编制 12 名）。

领导职数：书记 1 名、主任 1 名、副书记 1 名、副主任 3 名、人武部长 1 名、正副科长 8 名。

【由杭州市上城区档案馆提供】

# 杭州市上城区横河街道办事处扶助残疾人的规定①

上横办〔1997〕37 号

为推进残疾人事业的健康发展,巩固"两个文明"建设的成果,根据《中华人民共和国残疾人保障法》,结合本街道实际,制订本规定。

一、本规定扶助的对象是户籍在我辖区,符合国家规定的残疾人标准,持有统一颁发的残疾人证的各类残疾人(包括伤残军人)。

二、街道办事处每年两次讨论残疾人工作,听取街道残联汇报,检查本规定执行情况。

各居委会每季讨论一次残疾人工作,检查街道和本居民区有关扶助残疾人规定的实施情况,解决存在的问题。

三、对有劳动能力的残疾人,按比例安排到街道民政福利工厂就业,残疾职工工资待遇实行同工同酬。

四、本街道幼儿园优先照顾残疾人子女入托,解决他们的后顾之忧。

五、残疾人在本街道社区挂牌服务点购买商品或修补物品时,可凭残疾证给予优先供应和优先服务。

六、对特困残疾人家庭通过动员社会力量和街道办事处领导干部,党员带头,以"一助一""结对子"形式,解决残疾人的困难,使他们得到最低生活保障。

七、积极开展残疾人文化体育活动,参加市、区举办的运动会,街道每年举办1～2次文娱活动,街道文化中心为残疾人赠送图书卡,以丰富残疾人的文化生活。

八、积极维护残疾人合法权益,倡导法律援助,街道聘请法律顾问,为残疾人进行法律服务,给予特别的帮助。

九、在每年"全国助残日"和"国际残疾人日"之际开展宣传活动,加大宣传力度,使工作得到社会的支持。

十、建立信访制度,对残疾人的来信来访,有专人负责,并做好记录存档。

十一、街道老人公寓优先安排残疾人寄养,给予热情服务。

---

①　原文标题为《横河街道办事处扶助残疾人的规定》。

十二、本规定于发布之日起开始执行。

横河街道办事处

1997 年 11 月 6 日

【由杭州市上城区档案馆提供】

# 1998

# 关于提请审议《杭州市实施〈中华人民共和国城市居民委员会组织法〉办法(草案)》的议案

市人大常委会:

《杭州市实施〈中华人民共和国城市居民委员会组织法〉办法(草案)》已经市人民政府常务会议讨论原则通过,现提请审议,建议制订为本市的地方性法规。

杭州市人民政府

1998 年 4 月 6 日

## 杭州市实施《中华人民共和国城市居民委员会组织法》办法(草案)

### 第一章 总 则

第一条 为加强城市居民委员会的建设,充分发挥城市基层群众性自治组织的作用,促进社会主义民主和社会主义物质文明、精神文明建设的发展,根据《中华人民共和国城市居民委员会组织法》,结合本市实际情况,制订本办法。

第二条 居民委员会是居民自我管理、自我教育、自我服务的基层群众性自治组织,居民委员会的活动应当在宪法、法律、法规规定的范围内进行。

第三条 区、县(市)人民政府及其街道办事处对居民委员会的工作给予指导、支持和帮助,尊重居民委员会的民主自治权力,引导、帮助居民委员会提高民主自治的意识和能力。

居民委员会应协助区、县(市)人民政府及街道办事处开展工作,积极完成居民委员会职责范围内的各项任务。

第四条 各级民政部门负责对《中华人民共和国城市居民委员会组织法》和本办法的实施情况进行督促、检查。

## 第二章　居民委员会

第五条　居民委员会应强化社区服务,努力为辖区内的居民提供良好的居住和生活环境,其主要任务:

(一)向居民宣传宪法、法律、法规和国家的政策,维护居民的合法权益,教育居民遵纪守法,自觉履行依法应尽的义务;

(二)开展多种形式的社会主义精神文明建设活动,教育居民发扬爱国主义、集体主义精神,做文明市民、创文明楼(院)、建"五好"家庭,积极搞好联片共建活动;

(三)办理本居住地区居民的公共事务和公益事业;

(四)开展便民利民的社区服务;

(五)召集和主持居民会议或居民代表会议;

(六)依法调解民间纠纷,促进家庭和睦及邻里团结;

(七)协助公安部门维护社会治安、搞好治安巡逻和暂住人口管理工作;

(八)协助街道办事处做好与居民利益有关的公共卫生、城市绿化、计划生育、优抚救济、青少年教育等项工作;

(九)向区、县(市)人民政府或者街道办事处反映居民的意见、要求和建议。

第六条　居民委员会根据居民居住状况,按照便于居民自治管理的原则,一般在100户至700户的范围内设立;特殊情况,范围可以适当扩大,但最多不超过1000户。

居民委员会的设立、撤销、规模调整,由区、县(市)人民政府决定,并报市民政局备案。

第七条　居民委员会按居民的居住状况可以分设若干居民小组,每个居民小组一般在50户左右。各居民小组设1名居民小组长,居民小组长在居民委员会的领导下开展工作,其主要任务是协调组内关系,反映居民的意见、建议和要求。

第八条　多民族居住地区的居民委员会,应当教育居民互相尊重,互相帮助,加强民族团结。

第九条　居民委员会由主任、副主任和委员共5至9人组成,具体成员人数由街道办事处根据居民委员会的规模、工作任务和经济状况确定。

居民委员会设主任1名,副主任1至3名。居民委员会成员中应有妇女和青年。多民族居住地区的居民委员会,应有少数民族的成员。

第十条　居民委员会根据需要可以设人民调解、治安保卫、公共卫生等工作委员会,居民委员会成员可以兼任工作委员会的成员。居民较少的居民委员会可以不设工作委员会,由居民委员会分工负责有关的工作。

第十一条　居民委员会成员应当具备一定的文化水平和工作能力;应带头学法、守法,做遵纪守法的模范;要办事公道,作风正派,秉公办事,对工作认真负责,热心为居民服务。

区、县(市)人民政府或街道办事处应加强对居民委员会成员的培训,逐步提高居民委员会成员的整体素质。

第十二条　居民委员会决定问题时,采取少数服从多数的原则,由全体成员的过半数通过方能有效。

居民委员会进行工作,应当坚持实事求是的原则,充分发扬民主,认真听取不同意见。不得强迫命令,不得打击报复,不得徇私舞弊。

第十三条　居民委员会可以兴办便民利民、深受居民欢迎的社区生活服务事业。兴办生活服务事业,不得搭建违章建筑,不得侵占居民公共建筑设施和绿地,不得改变办公用房和配套设施的性质。

第十四条　居民委员会管理本居民委员会的财产,任何部门和单位不得侵犯居民委员会的财产所有权。

第十五条　居民委员会筹集为办理本居住地区公益事业所需的费用,必须经居民会议讨论决定,可以根据自愿原则向居民筹集,也可以经受益单位同意向本居住地区的受益单位筹集。

居民委员会必须建立健全财务管理制度,每年的财务收支账目都要张榜公布,接受本居住地区居民、经济组织和受益单位的监督。

第十六条　对从事居民委员会工作三届以上,因年老体弱等正常原因离职后无固定收入的居民委员会成员,区、县(市)人民政府可给予适当补助,具体办法由各区、县(市)人民政府制定。对离职后有固定收入的居民委员会成员,在离职时居民委员会可给予一次性补助。

第十七条　居民委员会有偿服务所收取的费用,原则上用于居民委员会的工作经费。

第十八条　居民委员会的办公用房,由当地人民政府统筹解决。

凡新建居民住宅区或改造居民住宅旧区时,规划部门应把居民委员会的办公用房纳入小区规划,由开发建设单位按每个居民委员会配备面积不少于

30平方米办公用房的标准进行建设,并无偿提供给居民委员会使用。居民委员会不得将办公用房移作他用。

第十九条　依照法律被剥夺政治权利的人编入居民小组的,居民委员会和居民小组应当加强对他们的监督和教育。

第二十条　机关、团体、部队、企业事业组织,不参加所在地的居民委员会,但应当支持所在地居民委员会的工作,并且遵守居民委员会的有关决定和居民公约。所在地居民委员会讨论与这些单位有关的问题时,可以根据需要邀请有关单位参加,有关单位应当派代表参加。

前款所列单位的职工及家属、军人及随军家属参加居住地区的居民委员会,其家属聚居区也可以单独成立家属委员会,承担居民委员会的工作,并接受街道办事处和本单位的指导。家属委员会的办公用房、工作经费和家属委员会成员的生活补贴,由所在单位负责解决。

第二十一条　区、县(市)人民政府的有关部门,需要居民委员会或者它的下属委员会协助进行的工作,应当经区、县(市)人民政府或者街道办事处同意并统一安排。

市、区、县(市)人民政府的有关部门,可以对居民委员会有关的下属委员会进行业务指导。

## 第三章　居民委员会的选举、撤换、补选

第二十二条　居民委员会主任、副主任和委员,由居民会议选举产生。居民委员会每届任期3年,其成员可以连选连任。

凡年满18周岁的本居住地区居民,不分民族、种族、性别、职业、家庭出身、宗教信仰、教育程度、财产状况、居住期限,都有选举权和被选举权;但是,依照法律被剥夺政治权利的人除外。

第二十三条　居民委员会的选举工作由选举领导小组主持,在街道办事处的指导下进行。选举领导小组的人选,由街道办事处提名,居民会议协商确定。选举经费由街道办事处负担。

第二十四条　居民委员会成员的候选人,由本居住地区有选举权的居民、户代表10人以上或者居民小组代表5人以上联合提名,也可以由当地街道办事处推荐。

选举领导小组应当将依法提出的全部候选人名单,交居民小组酝酿,根据多数居民小组的意见确定正式候选人,并在选举日前三天公布。

居民委员会成员实行差额选举；如果提名的候选人和应选人数相等，也可以实行等额选举。

选举监票人、计票人由选举领导小组确定，并由参加居民会议过半数的人通过才能有效。列入居民委员会成员正式候选人的，不得担任监票人和计票人。

第二十五条　居民委员会成员的选举，一般采用无记名投票的方式进行。参加居民会议过半数的人参加投票，选举才能有效。候选人须获得参加选举的人过半数的选票才能当选。

选举结果由选举领导小组宣布，并报街道办事处备案。

第二十六条　居民委员会成员应接受居民监督。居民委员会成员不称职或有违法行为的，由居民会议予以撤换，并报街道办事处备案。

第二十七条　居民委员会下属各委员会成员的任免，由居民委员会决定。

第二十八条　居民小组长由居民小组会议推选产生，每届任期3年，可以连选连任。

居民小组长负责召集和主持居民小组会议，组织本组居民落实居民会议的决定，完成居民委员会交给的任务，并及时向居民委员会反映居民的意见、要求和建议。

## 第四章　居民会议

第二十九条　居民会议由本居住地区18周岁以上的居民组成。

居民会议可以由本居住地区全体18周岁以上的居民或者每户派代表参加，也可以由每个居民小组选举代表2至3人参加。较大的居民小组可以增加1至2人参加。

居民小组代表，经本居民小组居民选举产生，获得二分之一以上赞成票者，才能当选。

第三十条　居民会议必须有全体18周岁以上居民、户代表或居民小组选举的代表过半数出席，才能举行。会议的决定，由出席人的过半数通过，方能有效。全体居民必须执行居民会议的决定。

第三十一条　居民委员会向居民会议负责并报告工作。

居民会议由居民委员会召集和主持。有五分之一以上的18周岁以上的居民、五分之一以上的户或三分之一以上的居民小组提议，应当召集居民会议。居民会议每年至少召开1次。涉及全体居民利益的重大问题，居民委员会必须提请居民会议讨论决定。

第三十二条　居民会议行使下列职权:

(一)对居民委员会的工作实施监督,听取并讨论居民委员会的工作报告和财务收支情况报告;

(二)决定居民委员会成员的撤换和补选;

(三)讨论制订和修订居民公约;

(四)改变或撤销居民委员会不适当的决定;

(五)听取居民群众对政府和居民委员会工作的意见、建议和要求;

(六)讨论涉及本居住地区全体居民利益的其他事项。

第三十三条　居民委员会可以根据本辖区内的具体情况制订居民公约,居民公约必须由居民会议讨论通过并报街道办事处备案。居民公约由居民委员会监督执行,全体居民应当遵守居民公约。

居民委员会的有关决议、决定和居民公约的内容,不得与宪法、法律、法规和国家的政策相抵触。

第三十四条　属居民会议职权范围,但不需要表决通过的有关事项,可由居民小组召集居民讨论。

居民委员会根据需要可以召集各居民小组的部分居民商议居民依法自治的有关事项。

## 第五章　附　则

第三十五条　本办法适用于乡、民族乡、镇人民政府设立的居民委员会。乡、民族乡、镇人民政府对其设立的居民委员会进行指导。

第三十六条　本办法由杭州市人民政府负责解释。

第三十七条　本办法自公布之日起施行。

【由杭州市上城区档案馆提供】

# 杭州市上城区关于同意确定
# 国家公务员非领导职务数设置的批复①

上人〔1998〕38 号

清泰街道办事处：

你单位《关于确定国家公务员非领导职务数设置的函》悉。根据上政〔1997〕83 号文件规定及确定你单位的"三定"方案,经审核,同意你单位首次确定非领导职务职数 2 名,其中:主任科员 1 名,副主任科员 1 名,科员 0 名;同意确定不占比例限额非领导职务职数 6 名,其中:主任科员 1 名,副主任科员 5 名。

此复。

杭州市上城区人事局

1998 年 4 月 29 日

【由杭州市上城区档案馆提供】

---

① 原文标题为《关于同意确定国家公务员非领导职务数设置的批复》。

# 杭州市上城区紫阳街道
# 动员居民群众参与社区建设①

上城区紫阳街道办事处

　　居民群众是社区建设的主体,如何调动居民群众、发挥社区各单位的积极性,自觉参与社区建设事业,是社区建设成功与否的重要前提。没有居民群众的积极参与,社区建设就失去了社会基础,就不可能有生命力。下面就如何动员居民群众参与社区建设,谈一些粗浅认识:

　　一、抓好居委会建设,增强居民群众的凝聚力,这是搞好社区建设的基础。居委会是自我管理、自我教育、自我服务的群众性自治组织。居委会班子强,他们就能按照《城市居委会组织法》的要求,积极开展拥军优属,计划生育,殡葬改革,为老年人服务,为残疾人服务,给特困户送温暖,为居民群众做好事办实事。居委会干部的热心服务,就能激发广大居民的积极性,自觉参与社区公益活动。实践证明,凡居委会班子强的,群众就拥护,就有凝聚力,社区建设就抓得好。但发展不平衡,有相当一部分居委会干部年龄偏大,文化偏低,身体较差,远不适应新形势的要求。必须着力抓好居委会干部队伍的建设,把年纪轻、有文化、身体好、热心为群众服务的人充实到居委会,充分发挥居委会的"三自"作用,为社区建设服务。

　　二、办市民学校,提高居民政治素质,这是搞好社区建设的动力。随着市场经济的深入发展,居民区离退休人员、下岗职工、失业人员逐年增加,他们的思想比较复杂,认识水平不一,搞不好直接影响整个家庭。平时虽有居代会、楼群代表、妇女之家、青少年之家、"五好"活动、座谈会、茶话会、走访慰问等多种寓教于乐的教育形式,但面不广、量不大,教育缺乏计划性和系统性。我街道办了9所市民学校,坚持爱国主义、集体主义、社会主义教育,加强社会公德、职业道德、家庭美德教育,引导居民树立建设有中国特色社会主义的共同理想和正确的世界观、人生观、价值观,有计划、有步骤地结合形势,结合实际,

---

　　①　原文标题为《搞好社区建设重在动员居民群众参与》。

分层次进行教育,市民的政治素质有较大提高,参与社区活动的效果比较明显。如袁井巷居民区在发动住户大搞楼道"革命",推行垃圾袋装化的工作中,开始有的住户不理解、不支持,有的还有抵触情绪。市民学校上了"美化杭城,做'六不'行为规范带头人"课后,使他们明白了道理,如期完成了垃圾袋装化的试点。据初步统计,全街道的"五好家庭""五好楼群"已分别达 50% 左右,"五好示范家庭"占 1.5%,有力地促进了社区建设的发展。

三、健全志愿者组织,开展便民系列服务,这是动员群众参与社区建设的桥梁和纽带。随着城市现代化建设步伐的加快,居民居住条件不断改善,社区群众的生活方式、思维意识和价值观念都发生了深刻的变化。因此,也产生了邻里隔离、遇事少助的社区负效应。有的居民在发生危难之时,也得不到邻里应有的帮助,甚至发生一些悲剧。近年来,我们街道成立了社区服务总会,26个居民区成立了分会,制订了章程和工作制度,街道每年集中搞 3~4 次大型服务,居委会因地制宜,根据群众需要,采取几个居民区单独相结合的方法,组织能工巧匠上街为民服务,据统计,全街道志愿者人数已占总人口的 6% 以上,全年受益居民达 3 万余人次,初步形成了我为人人、人人为我的良好风尚。居民区还兴办了固定的便民设施 270 多项,方便居民生活。服务工作的不断深化,不仅改善了人际关系,增强了社区服务功能,而且推进了社区建设。

四、开展共建活动,提供多渠道服务,是搞好社区建设的关键。街道辖区内的所有单位都有各自的资源优势,以社区为载体,街道搭台,各方唱戏,能够使社区内各单位的特色得到充分的发挥。近年来,我们先后与 20 多家工矿企业、机关、部队开展了共建活动,如地区性的计生学校、外来人口学校、消防学校、交警学校、体操队、健身队、合唱队、共青团的"雷锋角"、综合包户活动等。我们紧紧围绕文明城区"创优良业绩、树公仆形象""讲文明、树新风"、解放思想大讨论的要求,积极发挥地区共建的优势,开展了一系列的精神文明建设活动。迎香港回归,举办了大型庆祝活动,规模之大,人员之多,热情之高,前所未有;《市民守则》、"六不"行为规范宣传形式多样,宣传站、文艺演出、黑板报、图片展评等活动遍及大街小巷,深入到辖区单位;"雷锋角"活动与部队忘年交活动有声有色;地区性文化、体育活动经常使广大群众在寓教于乐的文化活动中受到教育;有的单位还带头推行街长、段长负责制,做到人员落实,职责明确,达到长效管理,为加强城市管理起了带头作用。共建活动的深入发展,使我地区初步形成了社区事业大家办,社区工作大家抓的良好局面。

实践证明,只要我们深入发动群众,动员广大居民群众参与,社区建设一定能出现崭新的面貌。但现在存在的问题有：一是职能交叉，职责不清，有些该管的不去管，街道无权管；二是责大权小，街道没法管，也无力管；三是地方制度不健全，已出台的法规、条例执法不严，如城市居民不准养狗、养鸡至今没有解决。因此有些单位、居民对搞好社区建设缺乏信心。为此，我们希望上级政府要理顺条块关系，使街道的管理职能真正落实到位；要给予街道对社区管理的权力；要给予街道统一组织、协调有关部门联合执法的权力；对街道干部的编制要落实到位；对居委会干部的待遇要提高。只有这样，才能调动广大干部群众的积极性、创造性，扎扎实实搞好社区建设，为居民创造一个环境优美、生活方便、经济富裕、社会安定的社区。

1998 年 5 月

【由杭州市上城区紫阳街道办事处提供】

# 杭州市上城区人民政府涌金街道办事处的组织沿革

## 一、涌金街道办事处

### 1. 建设、发展和变化

1954 年 8 月,杭州市人民政府根据政务院颁布的《城市街道办事处组织条例》决定,在上城区建立 9 个街道办事处。现在的涌金街道办事处当时是涌金门街道办事处和行宫前街道办事处。1957 年 11 月将涌金街道和行宫前街道办事处合并为定安路街道办事处。1960 年 4 月,原定安路街道办事处辖区与原青年路街道管辖的解放街以南地方合并,建立上城人民公社涌金分社。1961 年 10 月改为涌金公社,1962 年 5 月恢复定安路街道办事处,"文革"期间一度停止正常活动。1968 年 9 月建立勇进街道革命委员会。1979 年 11 月前称勇进街道革命委员会,后取消革命委员会名称,恢复街道办事处。1981 年 12 月勇进街道办事处改名为涌金街道办事处至今。

### 2. 历任的主要领导

涌金门街道办事处 1954 年建立。

主　任:刘元昌　　　　　（1954.8—1957.5）
副主任:汪向真(女)　　　（1957.10—1957.11）

行宫前街道办事处 1954 年 8 月建立。

主　任:项忠良　　　　　（1956.8—1957.1）
　　　　时顺得　　　　　（1957.1—1957.5）
　　　　马传英(女)　　　（1957.10—1957.11）
副主任:项忠良　　　　　（1954.8—1956.8）
　　　　陆华严　　　　　（1957.1—1957.5）

1957 年 11 月,行宫前与涌金街道合并,定名为定安路街道办事处。

定安路街道办事处:

主　任:刘元昌　　　　　（1957.11—1959.5）
　　　　汪向真(女)　　　（1959.5—1960.4）

副主任:马传英(女)　　　(1957.11—1959.5)

汪向真(女)　　　(1957.11—1957.12)

陆华严　　　　　(1957.11—1958.3)

1960年4月,原定安路街道办事处辖区与原青年路街道管辖的解放街以南地区合并,建立上城人民公社涌金分社。

涌金公社(分社)管理委员会:

主　任:张　迅　　　　(1960.4—1962.2)

汪向真(女)　　　(1962.2—1962.5)

副主任:陈宝定　　　　(1960.4—1961.10)

张耀祖　　　　(1960.4—1960.9)

郦幼凤(女)　　　(1960.4—1962.5)

汪向真(女)　　　(1960.4—1960.9)

应仁德　　　　(1960.4—1960.9)

窦安新　　　　(1960.4—1960.9)

赵百心　　　　(1960.9—1962.5)

李君立(女)　　　(1960.9—1961.10)

1962年5月恢复街道办事处。

涌金(定安路)街道办事处:

主　任:汪向真(女)　　　(1962.5—1968.9)

副主任:张鹤仙(女)　　　(1963.2—1963.12)

曲洪秀　　　　(1963.12—1968.9)

刘秀英(女)　　　(1963.12—1968.9)

汪仁杰　　　　(1966.3—1968.9)

"文革"期间,涌金街道改名为勇进街道,1968年9月建立勇进街道革命委员会。

主　任:尹洪兰　　　　(1968.9—1970.2)

陈宝定　　　　(1971.12—1977.5)

代主任:陈宝定　　　　(1970.11—1971.12)

副主任:曲洪秀　　　　(1968.9—1971.12)

蒋森土　　　　(1968.9—1976.10)

黄德清　　　　(1969.8—1972.10)

姜　敏(女)　　　(1970.4—1977.5)

汪仁杰            （1971.3—1977.5）

王剑杨            （1971.12—1977.5）

汪向真（女）        （1972.5—1977.5）

李灵虎            （1972.5—1973.11）

孟月生            （1972.9—1977.5）

1979年11月前称勇进街道革命委员会。

涌金（勇进）街道办事处（革命委员会）：

主　任:陈宝定        （1977.5—1978.3）

　　　姚泉华        （1978.5—1979.11）

副主任:姜　敏（女）     （1977.5—1979.5）

　　　汪仁杰        （1977.5—1979.11）

　　　王剑杨        （1977.5—1977.10）

　　　汪向真（女）     （1977.5—1979.11）

　　　孟月生        （1977.5—1979.11）

　　　谢永炎        （1978.5—1979.11）

1979年11月取消革委会名称,恢复街道办事处。

1981年12月,勇进街道办事处改名为涌金街道办事处。

主　任:周经华        （1979.11—1984.3）

　　　徐松惠        （1984.3—1986.3）

　　　俞海涌        （1986.12—1989.10）

　　　毛宗林        （1989.10—1994.12）

　　　丁晓芳（女）     （1994.12—1996.2）

　　　陆昌林        （1996.2至今）

副主任:汪向真（女）     （1979.11—1983.10）

　　　谢永炎        （1979.11—1981.4）

　　　冯振华        （1981.4—1986.12）

　　　陈永珍（女）     （1981.12—1984.3）

　　　俞海涌        （1983.4—1984.3）

　　　　　　　     （1986.3—1986.12）

　　　高爱萍（女）     （1984.7—1987.12）

　　　田桂坤（女）     （1986.12—1987.12）

　　　　　　　     （1992.2—1996.10）

　　陆天顺　　　　　(1987.5至今)

　　赵桃英(女)　　　(1987.12—1992.11)

　　李顺发　　　　　(1987.12—1991.7)

　　赵小春(女)　　　(1996.10至今)

　　王世田　　　　　(1991.10至今)

　　来建刚　　　　　(1991.7—1992.11)

　　3. 机构的沿革

　　本街道建立初,机关干部4人,内勤1人,其余外勤。

　　1960年街道成立人民公社分社管理委员会,内设街道党委办公室、分社办公室、工业科、文教科、商业综合办公室、保卫科(对外是派出所)、内勤办公室、外勤办公室。1962年整风整社后,涌金分社管理委员会恢复为街道办事处,其中工业科、文教科、商业综合办公室撤销,其企业分别被省、市、区上收。当时街道办事处内设党委办公室、外勤办公室、内勤办公室、人武部、生产生活管理站,保卫科改为派出所。1966年"文革"期间,街道办事处改为革委会,内设政工组、生产指挥组、人防办公室、外勤办公室和内勤办公室。1976年粉碎"四人帮"后,街道撤销人防办公室,改为人武部,撤销"上山下乡"办公室、"清阶"办公室,原生产指挥组改为工业分公司,其职能不变。

　　根据外地经验,街道办事处于1985年5月设立党委办公室、行政办公室、城管科、居民科、生产生活管理科。1988年4月,根据上城区政府通知,街道办事处设两室三科,其中居民科改为街政科。1989年7月按通知设两室四科,街政科改为民政科,增设司法科。

## 二、涌金街道党工委

　　1. 建立、发展和变化

　　1954年8月建立上城区街道办事处后,由于党员少,党内建立上城区街道临时支部,1958年7月建立定安路街道党支部。1960年4月建立涌金分社,5月17日市委任命分社党委书记,6月2日区委公布分社党委组成人员名单,9月又对党委人员做了调整。1961年10月,分社改为公社,分社党委改为公社党委。1962年5月,涌金分社党委改为涌金街道党委。"文革"初,党组织停止活动。1969年6月,街道革委会建立党的核心小组,1970年8月成立勇进街道党委。1981年11月,勇进街道党委改名为涌金街道党委。1987年5

月,召开中共上城区涌金街道第一次代表大会,选举产生涌金街道第一届党委。1993年4月,街道党委改建为街道工作委员会。1997年,街道所属支部25人,党员415人。

2.历任的主要领导人

定安路街道党支部:

书　记:庞景澜　　　　　(1958.7—1959.1)

　　　　贾荣乡　　　　　(1959.5—1960.4)

副书记:马传英(女)　　　(1958.7—1959.5)

　　　　汪向真(女)　　　(1960.2—1960.4)

委　员:王乃华　钟秉生

涌金公社(分社)党委:

书　记:许世昌　　　　　(1960.5—1961.9)

　　　　尹洪兰　　　　　(1962.2—1962.5)

副书记:陈宝定　　　　　(1960.6—1961.10)

　　　　李健康　　　　　(1960.6—1960.9)

　　　　邱中美　　　　　(1960.6—1961.10)

　　　　张耀祖　　　　　(1960.6—1962.5)

　　　　张鹤仙(女)　　　(1960.9—1962.5)

　　　　汪向真(女)　　　(1960.9—1962.5)

委　员:郦幼凤(女)　王乃华　李群立(女)

涌金街道党委:1969年9月建立街道革委会,党委终止。

书　记:尹洪兰　　　　　(1962.5—1968.9)

副书记:汪向真(女)　　　(1962.5—1963.4)

　　　　曲洪秀　　　　　(1965.4—1968.9)

委　员:张鹤仙(女)　汪仁杰　濮　云　蒋森土　刘秀英(女)

勇进街道党委(核心领导小组):

"文革"期间,涌金街道改名为勇进街道,1970年1月建立中共上城区勇进街道革委员核心领导小组,1970年4月撤销。

组　长:尹洪兰　　　　　(1970.1—1970.4)

副组长:黄德清　　　　　(1970.1—1970.4)

　　　　曲洪秀　　　　　(1970.1—1970.4)

成　　员:蒋森土　宓配岳

1970 年 4 月,建立中共上城区勇进街道委员会。

书　　记:尹洪兰　　　　　(1970.4—1970.11)

代书记:陈宝定　　　　　(1970.11—1971.12)

书　　记:陈宝定　　　　　(1971.12—1977.5)

副书记:黄德清　　　　　(1970.4—1972.10)

　　　　曲洪秀　　　　　(1970.4—1971.12)

　　　　王剑杨　　　　　(1971.12—1977.5)

　　　　蒋森土　　　　　(1971.12—1976.10)

　　　　孟月生　　　　　(1972.9—1977.5)

委　　员:姜　敏(女)　宓配岳　姚福珠(女)　韩宗善　张成岭　汪仁杰
宋明珍(女)　李灵虎　汪向真(女)

涌金街道党委:1981 年 11 月,勇进街道改名为涌金街道,勇进街道党委
也同时改名为涌金街道党委。

书　　记:陈宝定　　　　　(1977.5—1978.3)

　　　　姚泉华　　　　　(1978.5—1984.3)

　　　　杨余法　　　　　(1984.3—1986.12)

　　　　许小富　　　　　(1986.12—1987.5)

副书记:王剑杨　　　　　(1977.5—1977.10)

　　　　孟月生　　　　　(1977.5—1979.11)

　　　　谢永炎　　　　　(1978.5—1987.4)

　　　　周经华　　　　　(1979.11—1984.3)

　　　　汪向真(女)　　　(1981.4—1984.3)

　　　　徐松惠　　　　　(1984.3—1986.12)

　　　　田桂坤(女)　　　(1986.3—1987.5)

　　　　俞海涌　　　　　(1986.12—1987.5)

委　　员:姜　敏(女)　宓配岳　姚福珠(女)　汪仁杰　宋明珍(女)　陈
永珍(女)　李灵虎　陆天顺　洪巨平　汪　汾(女)

1987 年 5 月,召开中共上城区涌金街道第一次代表大会,选举产生涌金
街道第一届党委。

书　　记:许小富　　　　　(1987.5—1988.7)

副书记:俞海涌　　　　　(1987.5—1987.12)

　　　　田桂坤(女)　　　(1987.5—1987.12)

委　员:陆昌林　骆仕君(女)　汪　汾(女)

1988 年 9 月、1989 年 10 月,区委先后任命书记 1 人,副书记 1 人。

党委书记:丁晓芳(女)　　　(1988.9—1990.6)

副 书 记:毛宗林　　　　　(1989.10—1990.6)

1990 年 6 月 15 日至 16 日,召开中共上城区涌金街道第二次代表大会,选举产生了中共上城区涌金街道第二届委员会。

党委书记:丁晓芳(女)　　　(1990.6—1993.4)

副 书 记:毛宗林　　　　　(1990.6—1993.4)

　　　　田桂坤(女)　　　(1990.6—1992.11)

委　　员:陆昌林　骆仕君(女)

1991 年 1 月、1992 年 11 月,区委任命副书记 1 人,委员 1 人。

副书记:周健康　　　　　(1992.11—1993.4)

委　员:汪　汾(女)

1988 年 11 月,建立中共涌金街道纪律检查组。

纪检组长:田桂坤(女)　　(1988.11—1993.4)

1993 年 4 月,街道党委改建为街道工作委员会。

工委书记:丁晓芳(女)　　　(1993.4—1996.2)

　　　　陈冠英(女)　　　(1996.2—1997.4)

　　　　王文成　　　　　(1997.12 至今)

副 书 记:毛宗林　　　　　(1993.4—1996.10)

　　　　周健康　　　　　(1993.4—1996.10)

　　　　孙　锦　　　　　(1996.10 至今)

　　　　陆昌林　　　　　(1996.12 至今)

委　　员:陆昌林　汪　汾(女)　张建民　赵正华

1993 年 5 月,调整、充实涌金街道纪律检查组。

纪检组长:周健康　　　　　(1993.5—1996.10)

　　　　孙　锦　　　　　(1996.10 至今)

1998 年 8 月

【由杭州市上城区档案馆提供】

# 杭州市上城区"示范居民区文化室"
# "合格居民区文化室"考核标准[①]

　　居民区文化室是城区街道居民区设立的群众文化活动的重要场所,也是社会主义精神文明建设的重要组成部分。为了进一步巩固和发展居民区文化室建设,根据市文化局先进文化室达标要求,结合我区实际,现制订上城区居民区文化室考核标准如下:

　　一、示范居民区文化室考核评定标准

　　1.纳入居委会工作目标责任制及社区精神文明建设的总体规划;居民区有领导分管,文化室有专人负责。

　　2.场所固定专用,房屋结构牢固,场所面积在35平方米以上。

　　3.有多渠道的文化经费来源,文化室活动经费每年最低不少于2000元,并逐年有所增加。

　　4.藏书1000册以上,订阅报刊不少于10种,每年新增图书80册以上。有较完善的文化娱乐设施,能保证日常活动的正常开展。

　　5.文化室长年开放,活动内容丰富,形式多样,全年自办2~3次社区大型群众文化活动,并建有业余文化艺术团队2支,注重开展青少年校外文化活动,在寒暑假中有形式多样、健康向上的少儿活动。

　　6.积极参加区、街道组织的各项群众文化活动,能完成上级交办的各项指令性任务。

　　7.内部管理规范,管理制度健全,工作有计划,有总结,有台账,无发生治安安全责任事故。

　　二、合格居民区文化室考核评定标准

　　1.领导重视,纳入居委会工作议事日程,有一名领导分管文化室日常工作。

---

　　① 原文标题为《上城区"示范居民区文化室""合格居民区文化室"考核标准》。

2.场所固定专用,房屋结构牢固,场所面积在 25 平方米以上。

3.有多渠道的文化经费来源,能落实每年人均 0.5 元以上的文化经费,并逐年有所递增。

4.藏书 500 册以上,每年新增图书 50 册以上,订阅报刊不少于 10 种,其他文化娱乐器具设施较为齐全,基本满足日常活动开展需要。

5.文化室长年开放,建有业余文艺团队,全年自办 1～2 次社区大型群众文化活动。

6.认真参加区、街道组织的各项群众文化活动,较好完成各项指令性任务。

7.有健全的内部管理制度,工作有计划,有总结,有台账,活动中未发生安全责任事故。

居民区文化室考核评定拟两年进行一次。该项工作将列入城区各街道文化站考评定级的内容,并将它作为今后评比群众文化先进单位和先进个人的参考条件。

杭州市上城区文化局

1998 年 8 月 4 日

# 浅析街道经济如何向社区经济转轨

街道经济是城市社区在特定体制、特定阶段中的特殊产物。伴随街道办事处诞生发展至今的街道经济,有与它相适应的现行体制和发展水平,所以保持着一定的发展势头,成为城区区域经济重要组成部分。在保持社会稳定、促进经济发展等方面起到了重要作用。

第一,在安置就业,尤其是安置一些特殊人员(劳改、劳教释放人员、低智弱智及残疾人员)就业方面,街道经济有过在当时历史条件下,任何经济形式都无法替代的作用。特别在"上山下乡"那个特殊年代,街道经济发挥其投入少、吸纳就业成本低的特点,迅速将社会各种闲散人员做了安置,这对于当时的社会稳定和经济的发展都做出了一定的贡献。

第二,作为区财政收入的主要来源之一,街道经济为我们城区的发展与建设积累了资金。在街道经济辉煌时期,曾经占据上城经济比重的三分之一,被称为"三分天下有其一"。发展城市街道经济,一方面,为国家开辟了税源,增加了财政收入;另一方面,通过搞活街道经济,有助于减轻区政府兴办点多面广的公益事业的经济负担。我们上城区许多街道用于绿化、卫生、办敬老院、办幼儿园等的大量经费,有力地支援了国家建设,也增强了街道自身的实力。

第三,给退休人员及各种志愿服务人员提供了场所。自 20 世纪八十年代以来,城区开始进入老龄化社会,但是,广大退休人员还有贡献余热的能力,有为社区提供自己劳动的热情,同时也希望得到一些收入。街道经济满足了他们的要求,也满足社区内居民生产、生活的需求。

第四,对城市经济起到了拾遗补缺、配套服务的作用。在 20 世纪八十年代这段时间,杭州市工业、商业自身的配套服务能力还比较弱,这就为街道经济的发展提供了比较好的机会。我们横河街道横河灯具厂,上马、大业贸易商场等就是抓住这些机会而发展起来的,为丰富、活跃市场起到了积极作用。

在总结街道经济的历史贡献的同时,也不难发现街道经济自身存在的问题和弊病。

第一,产权模糊。应该说,街道经济所有制是集体所有制形式,然而,在现实的街道经济中,最大的出资者是作为政府派出机构的街道办事处。因此,街道经济的产权并没有清晰的界定,没有人格化的产权主体。在这种状态下,街道经济的企业,大多采取承包经营责任制等形式,经营者或承包者无权支配资产运作,投资者或所有者的代表(街道办事处)又无能力支配资产运作。因此,街道经济的产权缺位,谁对街道经济的资产增值负责,谁对街道经济经营好坏负责,是很难说清楚的。

第二,体制不顺。表现在两个方面。其一,政企不分。街道办事处与街道经济所属的企业,一个是作为政府的派出机构,定位于行使社区管理权力;另一个是作为市场竞争的主体,以利润为目标从事各种经营活动。因此,街道办事处和其所属的企业捆在一起,街道的固有职能往往不能得到全心尽力的有序履行,行业的经营发展缺乏长远稳定的规划和运作。其二,多头领导、政出多门。街道经济所属的企业,隶属于商业、民政、劳服三公司领导,在创立初期就建立了市、区、街三级部门的对口关系,从而导致了多头领导、政出多门的体制关系,这势必造成效率低下、规范不一的弊病。

第三,管理薄弱。由于经济职能并不是街道办事处的规范职能,所以,街道办事处在这方面的制度、人员都不健全。而且长期以来,也没有形成适用于街道经济的各项规范管理制度,再加上街道经济的企业在体制上、人员上的特点,客观上造成很大管理难度。尽管街道经济的实力在增强,但管理薄弱这一状况始终没有得到根本好转。

第四,人才缺乏。由于街道经济处于经济运行的较低层次,又一直处于不太稳定的状态,故被称为"开关企业"。街道经济先天缺少懂业务、善管理的各种经营管理人才,横河街道现有企业 69 家,在职职工 81 人,40 岁以上的占 55.6%,高中文化的占 13.6%,大中专文化的微乎其微,出纳、会计 80% 是由退休职工担任。他们的知识结构和实际能力已无法适应市场经济发展的要求。目前只能是"矮子里挑长子",人才的缺乏这一点对街道经济的发展来说是最致命的。

因此,从利与弊分析,街道经济与大生产大流通的激烈市场竞争无疑存在先天和后天的双重不足,而在便民、利民、提高城区人民生活质量等方面却大有可为。近几年来,大家对社区的认识逐步统一,各街道也逐步从内部调整以适应社区服务需求的增长,以社区服务业为导向的社区经济已开始出现发展上升势头。从前瞻分析,与社区服务相适应的社区经济是有广阔的发展天地的。理由是:第一,市委、市政府新的"两级政府,三级管理"体制,对社区服务的要求很高,同时也使社区经济进入和从事更多的新增项目成为可能。第二,随着旧城改造步伐的加快,杭州未来城市发展的一些结构性变动,诸如就业结构、住房结构、环境结构和受教育结构等,都将发生增加社区服务需求的变动。第三,根据区委、区政府提出的"优二兴三、三产兴区、科教强区"的战略思想,我区第三产业将进一步快速发展。目前作为社区服务的第三产业,大都是层次较低,基本由社区组织、志愿者组织或外来人员来承担和从事,带有某种福利性质的项目。基于这种分析,同时借鉴上海在街道社区经济发展所遵循的原则和功能,我们要把社区经济作为今后发展的重点,逐步促使街道经济的转轨。在此过程中,要注意坚持几项原则:一是与杭州国际旅游城市建设目标相协调原则;二是以人为本,办居民所需原则;三是福利性与经营性兼容原则;四是政府力量与社区力量并举原则;五是因地制宜原则。大力发展扶民、便民、导民、健民、安民、乐民的社区经济。当前,街道经济如何实现其向社区经济的转轨,社区经济又如何与社区服务对接,我认为应着重抓好两个环节:

第一,要明确社区服务与社区经济的关系与区别。社区服务是就社区及社区组织的功能而言,而社区经济是指社区服务中所发生的投入与产出的关系。社区经济从广义上可以理解为社区各种经济因素及其活动的总称,包括社区经济管理单位(如财政、税务、金融)、社区经济部门(街、居经济组织)、各种服务业、社区经济的项目以及社区经济的活动。我们主要从狭义上理解社区经济,它是以社区服务为基础,依托和发挥区域优势,满足社区生产、生活的需要,提供多层次、全方位、系统化的社区服务型经济。包括老年人服务、残疾人服务、优抚对象服务、幼儿青少年服务、家政劳动服务、社区康复服务、民俗改革服务、治安调解服务等各种社区服务。它具有两个管理层次,即分别履行管理职能的街道办事处和居民委员会。

第二,要准确把握在"两级政府、三级管理"体制背景下,街道经济的演变与定位趋势。我认为,目前街道经济未来将分化成为三个部分,亦即呈现出三个走向,"摊、亭、棚"的那部分明显弊大于利的街道经济,尤其是居委会经济将自生自灭,这已经在旧城改造中充分体现出来;街道经济中那部分与社区服务关系不甚密切,且以利润最大化为目标的经营单位,应并入市场的轨道,不要以街道所属的形式存在,参与市场竞争。

(本文作者系杭州市上城区横河街道办事处陈星豪)

【选自《上城通讯》第34期,上城区委、区府办公室编印由杭州市上城区档案馆提供】

# 1999

# 杭州市上城区关于居委会
# 改革调整试点工作情况的汇报①

各位主任、副主任：

为了搞好居委会建设，强化城市管理，维护社会稳定，改善投资环境，促进我区的经济和社会发展，依照《中华人民共和国城市居民委员会组织法》，杭州市委、市政府《关于加强城市社区管理工作的意见》（市委〔1997〕93 号）及市政府《关于进一步完善居民区设置意见的通知》（杭政办〔1998〕21 号）的精神，结合目前我区居委会随着市场经济体制的建立和城市建设的快速发展所出现的新情况、新问题，于 1998 年 10 月初制订了《关于搞好居委会改革和调整的原则意见》，确定在清泰、闸口两个街道进行居委会改革调整试点工作，明确了改革调整的指导思想、内容、步骤及要求。

清泰、闸口街道，按照区政府《关于搞好居委会改革和调整的原则意见》，于 1998 年 10 月中旬至 12 月上旬进行了居委会改革调整的试点工作。通过清泰、闸口街道党工委、办事处的组织实施，试点工作做到发动全面、调查仔细、方案可行、组织严密、实施有力，使整个试点工作平衡有序地进行，达到了预期的目的，是成功的。现就居委会改革调整试点工作及今后我区居委会实施改革调整工作的考虑汇报如下：

一、清泰、闸口街道居委会的基本情况

清泰街道辖区面积 0.69 平方千米，居民 10201 户，人口 28161 人。改革调整试点工作前有 19 个居民区、14 个居民区党支部；居民区干部 84 人，平均年龄为 63 岁，其中小学文化程度占居干总数的 33.75％，初中文化程度占居干总数的 45％，高中以上文化程度占居干总数的 21.25％；居干每月收入为正职津贴 120 元、副职津贴 110 元，奖金很少。改革调整后，居委会分为 10 个片、居民区党支部调整为 10 个；原居民干部离任 41 人、留任 43 人，新招聘 16 人，

---

① 　原文标题为《关于居委会改革调整试点工作情况的汇报》。

现有居干共计为 58 人,比原居干减少 25 人,减少率为 29.76%;居干平均年龄为 53.78 岁,下降 9.22 岁,下降率为 14.63%;文化程度,59 人中,高中以上文化程度的人数为 22 人,占总居干数 37.28%,比原来提高 16%,初中文化程度的人数为 29 人,占总数的 49.15%,比原来提高 5%,小学文化程度的人数为 8 人,占总数的 13.55%,比原来下降 20%;居干月收入,正职津贴为 200 元(党支部书记相同),副职津贴为 180 元,分别提高 66.67%和 63.64%,奖金为人均每月 100 元左右。

闸口街道辖区面积 2.65 平方千米,居民 7141 户,人口 18020 人。改革调整试点工作前,居委会 15 个,居民区党支部 12 个,居民干部 39 人,平均年龄 52 岁,其中,小学文化程度占居干总数的 48.70%,初中文化程度占居干总数的 30.76%,高中文化程度占居干总数的 12.8%,大专文化程度占居干总数的 7.69%;居民干部每月收入正职津贴 130 元、副职津贴 120 元,奖金人均每月 145 元左右。改革调整后,居委会分为 4 个片加 3 个居委会,共 7 个,居民区党支部为 7 个;原居干为 4 个片加 3 个居委会,共 7 个,居民区党支部为 7 个;原居干离任 8 人,现有居干 31 人,减少率为 20.51%;居干平均年龄为 49.16 岁,下降率为 5.46%;文化程度方面,31 人中,大专文化 3 人,占居干总数的 9.67%,比原来提高两个百分点,高中文化 5 人,占居干总数的 16.1%,比原来提高 3 个百分点,初中文化 12 人,占居干总数的 38.7%,比原来提高 8 个百分点,小学文化 11 人,占居干总数的 35.4%,比原来下降 13 个百分点;居干每月收入,正职津贴 200 元(党支部书记相同),副职津贴 180 元,分别比原来提高了 53.85%和 50%,奖金为人均 190 元/月,比原来提高了 31%。

## 二、清泰、闸口街道居委会的基本做法与成效

清泰、闸口街道的居委会改革调整试点工作是按照区政府《原则意见》明确的指导思想实施的,具体分为三个阶段:

10 月中旬至 11 月上旬为统一思想,宣传发动阶段。清泰、闸口街道接受区政府的试点任务后,首先都召开了街道党工委、办事处班子会议,统一思想,提高认识,分析情况,成立由办事处主任为组长的领导小组,下设办公室、宣传秘书组、组织联络组、工作事务组等工作班子,进行各方面的准备工作。其次是组织机关干部、居民区书记、主任学习《居委会组织法》,杭州市委、市政府《关于加强城市社区管理工作的意见》和区政府《关于搞好居民委员会改革和调整的原则意见》,统一了思想认识,明确了居委会改革调整试点工作的任务

和要求,确立了居委会改革调整工作是加速旧城改造、加强城市建设和管理、促进社会发展需要的指导思想。第三是由两个街道的书记、主任带队,组织有关人员赴宁波市江东区东流街道学习考察,从居委会划片管理、合署办公、小区管理、资产管理、干部队伍建设等方面学习并取得不少成功的做法和经验,拓展了试点工作和今后居委会建设的工作思路。

11月上旬至11月下旬为调查研究、制订方案阶段。这个阶段是试点工作的核心。清泰、闸口街道分别根据各自的实际情况进行了认真的研究、周密的部署,并及时地对居委会的收入、资产进行核查登记,财务支出统一由街道分管主任审批,为后来的方案制订和贯彻实施打好基础。

清泰街道根据自己的实际情况,把居委会划分为10个片,街道相应成立10个试点工作指导调研组深入到各片,边了解情况,边做思想工作,在此基础上制订出台了《居委会改革调整实施计划》《居民区党支部调整实施意见》《居委会改革调整工作试行办法》。

闸口街道针对闸口地区大面积旧城改造和抗咸工程的实际情况,对所属居委会划分为3种不同类别,即拆迁区、新建区、非拆迁区,并进行分别对待、分步实施。

拆迁区7个居委会划成两个片居委会。即立新片居委会含化仙桥、复兴街、海月新村、立新4个居委会;水澄片居委会含小桥、涵波桥、水澄3个居委会。

新建区划成两个片居委会。其中,复兴北苑小区居委会(含待建的北苑第二居委会)和复兴南苑小区居委会(含待建的南苑第二居委会)。

非拆迁区,甘水巷、八封田、山南3个居委会不变,待旧城改造和玉皇村撤村建居后再作调整。

闸口街道根据目前的实际情况,制订出台了《关于调整居民管理委员会经济工作意见》《关于建立闸口街道居企办财务中心的决定》《关于对居民区实际划片管理的决定》《关于提高居民干部待遇的决定》《关于建立闸口街道居企办财务中心的决定》。

11月下旬至12月上旬为明确政策、贯彻实施阶段。这个阶段是试点工作的关键。清泰、闸口街道牢牢掌握居干的思想脉搏,充分发挥各工作班子的作用,依照已出台的各项规定要求,耐心细致地做好每位离任居干和新任居干的思想工作,采取大会动员、明确政策、分头谈话、发放离任津贴和荣誉证(牌)、佩带大红花、召开迎送会等有效形式,使49名(清泰41名、闸口8名)离任居干愉快地离开了居委会工作岗位,真正体现出走者愉快、留者安心,到12月底前,各项工作交接完毕。清泰新招聘的16名居干,已经过培训,接上老居干移交的各项工作,试点后的居委会工作平稳有序地向前推进。

清泰、闸口街道两个月的居委会改革调整试点工作,虽然时间紧、内容多、难度大,但是取得了比较明显的成效。

一是进一步明确了居委会的地位和作用。城市居委会是城镇居民自我管理、自我教育、自我服务的基层群众性自治组织,是党和政府联系居民群众的桥梁和纽带,也是城市各项工作的重要落脚点。居委会要在强化城市管理,维护社会稳定,改善投资环境,促进经济发展等方面发挥积极而又重要的作用。根据这样的定位,试点工作中明确了居委会今后的工作重点是社区管理和社区服务,把文明社区建设作为工作目标,同时,规定了居委会不再搞经营性经济工作,统一集中由街道管理,所需经费由区财政和街道下拨。紧紧围绕居委会的地位和作用,开展居委会的各项工作。

二是拓展了居委会干部队伍建设的新路子。居委会干部队伍,长期以来存在着年龄大、身体弱、文化低、收入少的难题,形成一种招一名新居干难,退一名老居干更难的局面,居委会干部队伍建设成为多年来加强居委会建设难以逾越的屏障。这次试点工作,着力于从造就一支年纪轻、身体好、文化高、组织管理能力强的居委会干部队伍出发,从精简人员、提高待遇着手,从目前清泰、闸口街道新招聘和留任的居干队伍来看,基本达到上述要求,文化水平明显提高,年龄结构日趋合理(闸口街道年龄最小的居干为26岁),居干来源相对增多,为今后加强居干队伍建设开拓了新路子。

三是改善待遇,提高居委会干部的工作积极性。居委会办公条件差,居民干部福利待遇低,是我区各居委会普遍存在的老问题,这样或多或少影响居委会干部的工作积极性。这次改革试点的两个街道,居委会基本上减少了一半,这为改善条件、提高待遇提供了必要因素。如两个街道调整后的居干津贴均为正职200元/月,副职180元/月,还有100～200元/月的奖金,提高幅度在50%以上。又如居委会的办公用房,清泰在试点工作前,有近50%的居委会办公用房在20平方米以下,最少的仅为2平方米。通过调整,所有居委会的办公用房在20平方米以上,还可以解决部分活动用房。正像留用的居干们说的那样:"我们多年来想的,要求的事,在这次改革调整中都得到解决,我们一定安下心来,把居委会工作做好。"

回顾居委会调整试点工作,之所以比较顺利,主要的原因是:领导重视、认识统一是关键;思想解放、改革引路是动力;实事求是、政策兑现是基础;目标一致、上下配合是保证。

### 三、存在的问题和下一步居委会改革调整的考虑

居委会改革调整,作为试点工作已基本结束,为了便于今后面上工作的推开,就目前居委会工作中存在的问题及解决办法作以下考虑:

1.居民区规模大小不一的问题。近几年来,由于城市建设速度加快,城市管理的力度加大,居民区规模上出现了大小不一。居民区管辖户数动态变化较大。人户分离现象较为严重的情况。鉴于此,采取以下办法:一是清泰、闸口两个街道现在试行的为过渡阶段。该阶段,居委会统称为:××片居委会,并以已评上区级以上示范居委会的名称冠名;党支部也称为:××片居民区党支部,其他居委会牌子统一挂,印章统一保管。二是全面实施阶段。在全区街道区划调整的同时,调整居委会的规模,从有利于居委会开展工作、有利于加强城市管理、有利于方便居民生活出发,按照管辖区域与户数相结合的原则,以明显的大街、小巷为界,全面进行居民区的调整。调整后居委会办公经费和居干津贴仍由区财政支出,并作相应提高。

2.居民区设置的规模问题。按照《组织法》和市政府有关规定,居委会最多不超过 1000 户,但根据城区居住趋向密集化,我们考虑今后居委会的设置为 700～1200 户,略超出规定,这也需要多方面从实际出发,统一思想,做好工作。

3.居民干部的来源受地域限制问题。考虑到加强居委会建设的实际情况和下岗工人再就业工作的需要,目前居干中有一部分来自非本居住地的人员,这和《组织法》的精神相矛盾。为此,今后新招聘居民干部的地域问题,原则上确定为户籍关系在本街道范围内的人员,同时,从大局出发尽可能做好解释工作。

4.居委会的资产及各种收入如何管理问题。居委会的办公用房、公建配套设施,居委会的经济,在所有权不变的前提下,由街道成立"社区服务资产管理中心",进行统一管理、统一预算、统一审批、分别建账。"社区服务管理中心"要坚持财务公开,做到每月向各居委会送财务收支情况表。

上城区人民政府

1999 年 1 月 12 日

【由杭州市上城区档案馆提供】

# 杭州市上城区南星街道关于
# 要求建造社区服务网点的请示<sup>①</sup>

南街办〔1999〕08 号

上城区计经局:

　　随着旧城改造工程的推进,新工小区已初具规模。为了发展新工小区社区服务事业,合理布局社区服务网点,增加街道收入,计划在新工小区柴校坊2 幢与3 幢间空闲地建造社区服务网点,面积 550 平方米,总投资 50 万元人民币,资金自筹。因此,要求贵局给予列项。

杭州市上城区南星街道办事处

1999 年 3 月 29 日

【由杭州市上城区档案馆提供】

---

　　①　原文标题为《关于要求建造社区服务网点的请示》。

# 杭州市上城区关于同意南星街道办事处建造社区服务用房的批复①

上计经建〔1999〕60号

南星街道办事处:

你街道报告悉。随着旧城改造工作的推进,新工小区已初具规模,为合理安排小区服务网点,经研究,同意你街道在新工小区柴校坊2幢与3幢间建造社区服务网点,建设总面积550平方米,建设总投资50万元人民币,资金自筹。

望接文后按基建程序办理审批手续,抓紧施工,早日投入使用。

杭州市上城区计划与经济局

1999年4月6日

【由杭州市上城区档案馆提供】

---

① 原文标题为《关于同意南星街道办事处建造社区服务用房的批复》。

# 杭州市上城区人大常委
# 指导街道搞好居委会改革调整工作①

　　为了调查了解街道改革调整后的有关情况,更好地指导街道按照《居委会组织法》的要求,搞好居委会改革调整工作。最近,区人大常委会主任沈国友、副主任刘志安及法工委主任陈卓彦与办公室的有关同志先后走访了湖滨、小营、城站、近江4个街道,在听取了街道党政班子负责人的工作情况汇报和实地察看的基础上,提出了一些意见和建议。

　　各街道党政主要负责人在汇报中指出,随着街道区域的调整,他们都根据区委、区政府的要求,认真做好了街道中层干部竞争上岗和机关干部聘任工作,并做好了城管等部门下派人员的接管工作,保证了街道调整工作的顺利进行。在此基础上,各街道还根据各自工作特点,扎实做好各项工作。

　　如湖滨街道地处市中心,与原涌金街道合并后,把社区建设和管理作为街道工作的重点,组织成立了规格较高、有一定影响的社区建设委员会,并相应建立了"三办二中心"。同时抓好辖区内三条主要马路"窗口"路段,搞好整治和拆违工作,由于班子成员齐心协力,管理和服务工作已走上正轨,城站街道地处城区东大门,与原清泰街道合并后,过渡平稳,办公室搬迁等工作较顺利。班子对街道的经济状况进行了分析,对债务、经济风险、下岗职工等问题进行了研究讨论,努力促使街道经济逐趋好转。小营街道是原横河街道合并的,调整后积极筹建社区共建委员会;街道还依靠浙一、浙二、省中医学院等医疗单位在本区域的地理优势,努力拓宽社区医疗保健渠道,针对该区域人口密度大、属纯住宅区的特点,将充分发挥医疗保健站的作用,努力搞好社区服务。新建的近江街道面对交接遗留问题和建居资金不到位等困难,班子领导团结一致积极努力地展开辖区内全面情况的调查,尤其是对辖区单位和住户(城市居民、原村民)的分布、基层居委会地点的设置、命名、划分等开展了一系列的摸底调查工作,为今后工作的顺利开展打下良好的基础。

---

　　①　原文标题为《深入基层 开展调查 指导街道搞好居委会改革调整工作》。

　　各街道最近还根据区委、区政府的要求,在调查摸底、提出方案、报经区政府批准的情况下,展开了居委会的改革调整工作,相继召开了居民区干部动员大会,并提出了居委会干部知识化、年轻化等素质方面的方案和要求。

　　在了解各街道工作概况的基础上,主任们又进行了实地察看,尤其是察看了近江街道,在钱塘江堤坝、近江鱼塘、猪场、钱江路、清江路等处实地调查,了解有关情况。

　　沈国友主任对街道党政领导和街道干部在各街道改革调整工作中所做出的努力和成绩予以了充分肯定,同时也提出了几点意见和建议:

　　一是希望街道党政班子进一步理清工作目标和思路,把握工作重心,使调整后的街道各项工作很快地抓上手,保证各项工作有条不紊地开展。各街道要根据自身特点,团结和带领全体街道干部在城市管理、社区建设服务等方面创造出自己的特色。

　　二是妥善处理资金不足、基础设施差、拆违损失等问题,充分利用区里的优惠政策,努力争取各方面的配合,千方百计增加收入,扩大税源经济,夯实街道经济基础,确保"两个文明"建设的稳步发展。

　　三是要严格认真落实贯彻好《居委会组织法》,积极稳妥地搞好居委会的改革与调整工作。对新上任的居委会干部要给予培训指导,对退下来的居委会干部要深入细致地做好思想工作。各街道还要根据本区域实际,把握进度,并在抓好一至两个居委会选举工作试点的基础上,以点带面,保证居委会选举工作的全面展开和顺利进行。

1999 年 7 月 20 日

　　【选自杭州市上城区人大常委会办公室编《人大工作通讯》第 8 期　由杭州市上城区档案馆提供】

# 杭州市关于街道(乡镇)城市综合管理监察队工作人员和居委会专职工作人员劳动和社会保障有关问题的意见①

杭劳法〔1999〕190 号

各区劳动局,市有关主管局(公司)劳资处、再就业服务中心:

根据市委、市政府的决定,我市各区组建了街道(乡镇)城市综合管理监察队(以下简称"城管监察队"),配备了居委会专职工作人员,在加强我市城管工作,进一步巩固和发展"创卫"成果等方面发挥了积极作用。为进一步加强上述队伍的建设和管理,根据市政府办公厅杭政办〔1999〕17 号文件的要求,经研究,现就劳动工资有关问题提出如下意见:

一、对城管监察队工作人员和居委会专职工作人员的管理,依照企业劳动人事管理的规定进行。各街道(乡镇)城管监察队和居委会的单位性质、编制管理、经费保障以及业务指导部门等问题按照市委、市政府的决定执行。对城管监察队工作人员和居委会专职工作人员的劳动人事管理,包括人员招用及劳动关系的建立和调整、工资福利、社会保险,依照《劳动法》有关法律、法规、规章及政策规定执行。各级劳动行政部门应加强对其具体工作的指导。

二、城管监察队工作人员和居委会专职工作人员应与其所在街道(乡镇)建立劳动关系。

1.各街道(乡镇)对从企业下岗职工中招用、已在现工作岗位工作的城管监察队工作人员和居委会专职工作人员组织一次包括政治思想、敬业精神、业务(执法)水平和素质、遵纪守法及廉洁自律等内容的全面考核。考核采取个人述职(总结及自我评价)、所在单位给予综合评价的办法,由各街道(乡镇)组织进行。

2.考核合格的城管监察队工作人员和居委会专职工作人员与所在街道(乡镇)签订劳动合同。劳动合同期限为 3 年。不实行试用期。劳动合同签订后,应送所在区劳动行政部门鉴证。上述人员必须与原单位解除劳动合同。

---

① 原文标题为《关于街道(乡镇)城市综合管理监察队工作人员和居委会专职工作人员劳动和社会保障有关问题的意见》。

原单位应按规定发给其经济补偿金。

3.考核不合格的,各街道(乡镇)应将其退回原单位再就业服务中心(工作站)。原单位现不存在的,由其原单位上级主管部门或指定本行业(系统)内其他单位再就业服务中心(工作站)接收和管理。该职工下岗时间计算应将其被招为城管监察队工作人员或居委会专职工作人员前下岗及在再就业服务中心享受基本生活保障时间与在城管监察队或从事居委会专职工作的时间合并计算,并按逐年递减的相应的基本生活费标准发给生活费,待其下岗三年期满或与原下岗所在单位签订的劳动合同终止期到达时,所在单位可与其解除劳动合同(如劳动合同期限已满,可即行终止劳动合同)。

4.从下岗职工中招用的城管监察队工作人员和居委会专职工作人员考核不合格退回原单位再就业服务中心(工作站)的,劳动合同期未满、过去未签订《下岗职工基本生活保障和再就业协议》的,必须补签。经做工作仍不愿签订的,依照该协议中的协议期满时限的确定,按本意见前款规定执行,其下岗时间最长不得超过3年。上述人员由所在单位报经市再就业工程领导小组办公室审核后,对其企业职工岗证予以换发。

5.认真做好缺额补员工作。各街道(乡镇)完成对现已在岗的城管监察队工作人员和居委会专职工作人员考核及签订劳动合同的工作后,应根据市下达的编制数做好缺额补员工作。补员对象一律为市区企业下岗职工。招用条件依照我局及市经委、市人事局、市民政局杭劳动就〔1997〕231号文件规定执行。补员招用工作由所在区劳动行政部门指导、协助完成。签订的劳动合同期限为3年。试用期一般为30天,包括在劳动合同期限内,并与原单位解除劳动合同,由其原单位按规定发给经济补偿金。试用期内凡不符合招用条件的,各街道(乡镇)可随时予以解除劳动合同。上述人员解除劳动合同,按有关规定进行失业登记。

6.在完成对现已在岗人员的考核和缺额补员工作后,各街道(乡镇)应继续加强对城管监察队工作人员和居委会专职工作人员的教育和管理,并定期(一般每年结合年度工作总结)进行考核。

7.对经考核合格正式招用和缺额补员招用的城管监察队工作人员和居委会专职工作人员,所签订劳动合同期满的,经双方协商同意可以续签劳动合同。终止劳动合同的人员,按有关规定进行失业登记。

三、建立和完善工资分配制度,充分调动工作积极性。城管监察队工作人员和居委会专职工作人员1999年工资收入水平确定为全年每人8900元。以后每年根据物价变动和市区职工人均收入的增长幅度予以增加，具体数额由我局会同市财政局核定。

各街道（乡镇）应按有关规定搞好内部工资分配，可将所核定的工资收入额的 60％作为工作人员的基本工资，40％用于奖金、加班工资、各项补贴和清凉饮料费等。各街道（乡镇）要根据城管监察队工作人员和居委会专职工作人员在工作岗位、工作时间、工作强度及工作实绩等方面的差异，适当拉开分配档次，不搞平均主义。

四、做好城管监察队工作人员和居委会专职工作人员的社会保险工作，解除他们的后顾之忧。各街道（乡镇）与城管监察队工作人员和居委会专职工作人员签订劳动合同后，应根据国务院第 259 号令的规定和我局杭劳险〔1999〕88 号文件的要求，于 9 月底前到所在区社会保险管理机构进行社会保险登记，之后分别到所在区社会保险经办机构和就业管理服务机构申报并缴纳基本养老保险费、大病住院保险费、工伤保险费、女工生育保险费和失业保险费。各项社会保险费缴纳的基数、标准以及所招用工作人员个人缴费和应享受的待遇均按企业职工参保的有关规定执行。

医疗费实行大病住院基本医疗保险和门诊医疗费定额包干相结合，门诊医疗费每人每月 35 元，由街道按月发给。大病住院按市政 112 号令的规定办理。

住房公积金按规定缴存。

原享受供养直系亲属劳保待遇的，由现所在单位按国家有关规定执行。

城管监察队工作人员和居委会专职工作人员到达法定退休年龄的，由所在单位办理有关手续后，按企业退休人员规定享受退休待遇。

五、城管监察队工作人员和居委会专职工作人员与现所在单位发生劳动争议，可向所在区劳动争议仲裁部门申请仲裁，按劳动争议处理有关规定处理。

六、各街道（乡镇）城管监察队和居委会专职工作人员劳动人事管理工作应接受各级劳动行政部门的指导、管理和监察。

杭州市劳动局

1999 年 8 月 28 日

【由杭州市上城区档案馆提供】

# 转发杭州市上城区民政局《关于在全区居委会推行居务公开制度的意见》的通知①

上政办〔1999〕66 号

区政府直属各单位,各街道办事处:

区民政局《关于在全区居委会推行居务公开制度的意见》已经区政府同意,现转发给你们,请认真组织实施。

杭州市上城区人民政府办公室
1999 年 9 月 14 日

## 关于在全区居委会推行居务公开制度的意见

为全面贯彻党的十五大精神,切实加强城市街道居民委员会的建设,充分发挥居民委员会在城市"两个文明"建设中的作用,现就在全区居委会推行居务公开制度提出如下意见:

### 一、提高认识,增强做好居务公开工作的责任感

实行居务公开,是认真贯彻落实《中华人民共和国城市居民委员会组织法》,建设高度的社会主义民主,促进城市社会主义物质文明和精神文明建设的一项重要内容,是真正体现广大居民群众主人翁地位的一个重要方面,是在新形式下居民群众实行民主监督居务活动的一种有效形式。江泽民同志在党的十五大报告中指出:"城乡基层政权机关和基层群众性自治组织,都要健全民主选举制度,实行政务和财务公开,让群众参与讨论和决定基层公共事务和公益事业,对干部实行民主监督。"各街道、居委会都要认真贯彻江泽民同志的这一讲话精神,以居务公开为载体,坚持民主选举、民主决策、民主管理和民主监督制度,推动城区基层政权建设的全面进步,促进社会的稳定和发展。

---

① 原文标题为《转发区民政局〈关于在全区居委会推行居务公开制度的意见〉的通知》。

## 二、规范动作,努力实现居务公开的制度化

居务公开要从居民群众普遍关心和涉及群众切身利益的实际问题入手,从我区实际情况看,居务公开的内容主要包括政务、事务、财务三个方面,具体为:

(一)政务公开

1.上级有关居民的各项政策、法规和规定;

2.居委会干部的职责、守则、工作要求。

(二)事务公开

1.居委会三年发展规划、居民公约、规章制度、议事规则及居民会议的重大决策;

2.居委会对居民办实事的具体项目;

3.享受城市居民最低生活保障和临时定期困难补助人员的救济情况及申办手续、对象、程序;

4.出具婚姻登记证明的有关对象、程序;

5.老年卡办证程序;

6.计划生育办事程序;

7.待业卡的申办程序;

8.共建活动的情况。

(三)财务公开

1.居委会财务收支情况;

2.居委会干部的津贴等费用;

3.共建经费收支情况;

4.卫生治安费收支情况;

5.居办企业承包、房屋租赁情况;

6.其他。

各街道可随形势的变化,不断调整和充实居务公开内容,真正做到凡涉及居民群众切身利益的大事,都要向群众公开,接受群众的监督。

## 三、积极探索、逐步完善居务公开运行机制

要逐步建立完善居务公开的运行机制,确保居务公开工作深入、持久、健

康地发展,努力做到五个规范:

1.公开的程序规范:对居民普遍关心和必须向居民公开的问题,公开前应提交居委会班子或居民代表会议审议。

2.公开的内容规范:公开的事项要全面、准确、具体。

3.公开的时间规范:公开的时间采取长期、财务一般按季公开一次,临时性需公开的做到随时公开。

4.公开的形式规范:要从方便居民了解居民区内部事务出发,设置固定的居务公开栏,公开栏应设在群众方便阅览的地方,公开栏的质地要相对牢固、美观,不影响小区环境。

5.公开的管理规范:要建立由居民代表组成的居务公开工作小组,具体负责居务公开工作。

要依法建立健全各项居务公开管理工作制度,不断完善居务公开的运行机制和监督保障机制,规范、约束干部群众的行为,使居务公开工作有章可循,并逐步走上规范化、制度化轨道。

## 四、因地制宜,积极稳定地推行居务公开

居民委员会是群众性自治组织,它管理的是一个居民区的公共事务,同居民群众的切身利益联系最直接、最广泛、最紧密。居务公开的内容大多是群众普遍关注的问题,同时也具有较强的政策性。因此在居民区推行居务公开,决心要在,步子要稳,做到既积极又稳妥。

各街道可在全区居民委员会第四届换届选举之后确定1~2个基础较好、条件具备的居委会进行试点,取得经验后逐步推开。

各街道要结合实际,研究决定应公开的事项和内容,制订分步实施方案,排出时间表,争取经过一年的努力,使我区的居务公开工作基本达到公开内容真实全面、公开形式永久方便、公开时间定期及时、公开程序规范有效。促进居民自治水平的整体提高。

上城区民政局

1999 年 9 月 13 日

【由杭州市上城区档案馆提供】

# 杭州市上城区闸口街道印发《关于加强居委会建设的若干规定》的通知①

上闸办〔1999〕43 号

居委会、街道各科室：

《关于加强居委会建设的若干规定》(试行)已经街道办事处研究讨论通过,现印发给你们,望认真贯彻执行。

搞好居委会干部队伍建设,是当前我街道、居委会工作的一项重要任务,也是创建文明社区、争创示范居委会的有力保证。望在试行工作中,努力加以改进和完善,不断提高居委会建设的水平,完成《组织法》赋予的各项任务。

杭州市上城区闸口街道办事处

1999 年 11 月 3 日

## 关于加强居委会建设的若干规定

### （试行）

为了更好地贯彻落实《城市居委会组织法》,充分发挥居委会自我管理、自我教育、自我服务的作用,积极开展居委会创建文明社会活动,以及居委会建设规范化、制度化管理,促进社会主义精神文明和物质文明建设,把我街道居民小区建设成社会稳定、经济繁荣、生活方便、环境优美、居民满意的文明社区,根据居委会的实际情况,经街道党工委、办事处研究,现决定做出以下规定和细则：

一、居委会的地位、作用和任务

居委会是基层群众性自治组织,是党和政府联系居民群众的桥梁、纽带,也是城市管理的一个主要层次,在"两个文明"建设中,居委会担任着组织群众、宣传教育、建设城市、管理城市等多项任务。社会良好风气的形成,社会秩序的稳定,社会服务事业的发展,都要在居委会的组织管理下得到实现。因此,要充分认识到居委会在建设中国特色社会主义建设中具有十分重要的地

---

① 原文标题为《印发〈关于加强居委会建设的若干规定〉的通知》。

位和作用,努力开创居委会工作新局面。

(一)要经常向居民群众宣传党的方针、政策和国家法律、法令、法规,提高居民的法治观念和全局意识。

(二)要积极发动和组织居民群众开展"创文明社区、做文明市民""培养公德心,做个文明人"和争当文明市民、文明楼群、文明家庭等活动,增强居民的道德观念和文明意识,提高居民区精神文明建设的水平和居民的素质。

(三)认真做好居民区的社区共建、计划生育、拥军优属、扶残助残、殡葬管理、社会保障等工作。加强对拆迁户的管理和长期独处老人的联系。

(四)要坚持"因地制宜、多业并举、便民利民"的指导思想,积极发展社区服务事业,扩展社区服务网点,努力为居民生活提供服务和方便,不断提高居民的生活质量。

(五)依法调解民间纠纷,促进邻里团结和家庭和睦,积极协助公安机关维护社会治安,落实居民区的综合治理措施,确保社区稳定,要做好失足青少年的帮教工作,帮助青少年健康成长。

(六)发动和组织居民群众,搞好环境卫生、楼道卫生、家庭卫生,维护环境绿化、美化、净化。

(七)居委会在实践中,要不断总结经验,加强自身建设,增强创示范居委会、文明社区活动的意识。

## 二、居委会建设

(八)居委会一般情况下配备4~5名干部,缺额及时补全,对体弱多病,年龄超过65周岁以上的干部,原则上不再担任和继续担任居委会干部。

(九)在居委会班子中党员必须占有一定比例,支部书记原则上要在居委会中兼职,其待遇与居委会主任相同。

(十)为切实加强做好居委会计划生育工作,提供优质服务,配备计划生育干部1名。

(十一)居委会成员分工明确,尽职尽责,团结齐心,工作协调,作风民主,办事公道,服务热忱,及时办理各项事务。

## 三、居委会的待遇

(十二)居委会干部的津贴规定为:主任及支部书记(兼主任或副主任)的津贴每月200元,副主任每月180元。

(十三)建立居民干部离任奖励基金,资金来源:街道拨款,居委会在年总收入中按比率上交。

居委会干部因工作需要经街道办事处分管主任批准离任的给予一次性离任补贴(聘用的居委会专职干部除外)。具体规定为:

凡任职工作满 1 年以上,4 年以下者奖励 200 元;4 年以上者每增加 1 年增发奖金 50 元,依次类推,按年计算。

### 四、考勤制度

(十四)居委会干部工作时间:每天 6 小时工作制:上午 8 时至 11 时,下午 14 时至 17 时。因工作需要不计时间。换季时间变动,另行通知。

(十五)居委会干部出勤由居委会主任实行考勤,每月考勤存档,严格实行请销假制度。

(十六)居委会主任书记的病事假:1 天以内,向街道分管外勤请假;3 天以内(含三天)向街道民政科科长请假;3 天以上由街道分管主任审批。

(十七)居委会副主任的病事假:1 天以内,向居委会主任请假;3 天以内(含 3 天)向分管外勤请假;3 天以上由街道民政科科长审批;7 天(含 7 天)以上由分管主任审批。

(十八)居委会实行补休制度。因工作需要在双休日、节假日加班的居委会干部,可在其他工作时间自行安排补休,但不得影响正常工作。在安排补休的同时要做好记录,以备考勤。

(十九)街道各部门、科室如在双休日、节假日要求居委会加班的,要事先征得街道民政科的核准,否则各居委会可拒绝安排。

(二十)补休在本年度有效,跨年度无效。

### 五、奖惩制度

1.奖金分配,人均月奖 100 元,年终奖 1080 元(过渡执行),实行实际收入的 20％奖励金的居委会,其中 5％为年终奖。

2.计划生育、殡葬改革、社会治安、综合治理、环境卫生不达标,实行一票否决制,不予奖励。(低于 85 分为不达标)

3.有下列情况之一者取消当月奖金,并取消年终奖。

a.计划生育基础工作考核不达标,发生计划外二胎。

b.殡葬工作考核不达标,发生在外土葬和病重病危外逃,尸体外运直至土葬的。

c.有社会不稳定因素,不及时处理的;有重大火灾和刑事事件;因调解不及时而引起的斗殴造成严重伤残或发生非正常性死亡的。

d.环境、小区卫生不达标的。

4.居委会干部事假 2 天(含两天)或病假 3 天以上(含 3 天)者,扣发本人当月奖全 15%,超过每天扣 5%;事假 15 天以上,或病假 25 天以上停发全月奖金;连续病假 3 个月或事假 2 个月以上停发津贴。

(二十一)奖金考核办法(详见考核表)实行平时检查考核、季度考核和年终考核相结合的原则。凡各项工作考核均在 95 分以上者得全奖,平均分低于 95 分,每低 1 分扣除居委会当月奖的 5%,居委会年终奖视情况扣。

(二十二)迟到早退 1 次扣除本人当月奖金的 5%。

六、财务管理

(二十三)加强居委会资产和财务管理是居委会的一项重要工作,各居委会要制订和完善管理制度,严格审批手续。

(二十四)居委会财务由居委会财务管理中心统一管理,出纳、会计实行委派制。原居委会的财务资产、所有权不变。

(二十五)居委会实行经费包干制,年终结算节支部分的给予 50% 的奖励。超支部分在居干年终奖中扣除。

居委会主任有审批 100 元内办公费用的权限。

本规定自 1999 年 9 月 1 日起执行,由街道民政科组织实施,负责解释。

闸口街道民政科

1999 年 10 月

【由杭州市上城区档案馆提供】

# 杭州市上城区望江街道关于调整居委会经济收入分配的规定(试行)①

望办〔1999〕13 号

各所属居委会、街道各科室:

为了更好地增强居委会管理服务及文明建设的经济实力,使居委会的经济发挥更好的使用、管理、分配的作用,通过一年多来的实践,现对不适应经济收入分配部分做适当的调整。

一、收入分配

1. 居委会承包金、房租和有偿服务、投资收益的净收入,每季按比例定额提取居干的资金、福利基金。其中每季 1 万元以下按 25％提取(10％为精神文明考核奖、5％为福利基金、10％为年终奖),1 万元以上至 3 万元以下按 20％提取(10％为精神文明考核奖、5％为福利基金、5％为年终奖),3 万元以上至 5 万元以下按 15％提取(7％为精神文明考核奖、5％为福利基金、3％为年终奖),居民区居干人均月奖金不满 100 元按 100 元考核计奖。

2. 居委会经济收入每季按比例提取返利上交街道社区服务中心,年终决算。每年 5 万元以下按 15％提取,5 万元以上至 10 万元以下按 20％提取,10 万元以上至 15 万元以下按 25％提取,其中 10％为社区服务中心的管理费,其余留作社区服务经费及居委会经费统筹。

3. 实施居民区办公经费定额包干、节约有奖制度,每月每个居民区办公经费定额为 500 元(不包括会计、出纳的 100 元工资),办公经费包括办公用品、电话费、水电费、报刊资料费及居民区主任审批权限内的办公费用,按月结账,年终结算兑现,按节省的 50％返予居干的节支奖。

二、奖金分配

居委会干部的奖金必须经街道考核后,由社区服务中心核准发放单,居民

---

① 原文标题为《关于调整居委会经济收入分配的规定(试行)》。

区在工资表上造册,由街道分管领导审批后发放,居民区的奖金发放按工作实绩分设一、二、三等奖。

三、本规定自 2000 年 1 月 1 日起执行。

杭州市上城区人民政府望江街道办事处

1999 年 12 月 21 日

【由杭州市上城区档案馆提供】

# 2000

# 杭州市上城区城站街道办事处领导班子、领导干部思想政治教育活动方案[①]

上城工委〔2000〕第 19 号

根据上城区区委〔2000〕16 号文件,《关于在区中层领导班子和领导干部中开展思想政治教育的通知》精神,对街道领导班子、领导干部集中进行以"讲学习、讲政治、讲正气"为主要内容的思想政治教育活动。现就开展这一活动提出如下意见:

## 一、指导思想

以党的十五大精神和邓小平理论为指导,以大力加强领导班子和领导干部队伍建设为目标,以"讲学习、讲政治、讲正气"为主要内容,认真贯彻江泽民同志"三个代表"的重要思想,积极推进"两思"教育活动,联系街道领导班子建设与班子成员的思想作风、工作表现的实际情况,认真开展教育活动,着重解决理想信念、世界观、人生观、价值观、廉洁自律等方面存在的突出问题,进一步增强班子的凝聚力、战斗力,提高贯彻执行党的基本路线的坚定性和自觉性,牢固树立公仆意识、勤政意识、廉洁意识,努力把领导班子建设成为政治过硬、思想坚定、作风务实、团结一心、坚强有力的战斗集体,为街道"两个文明"建设提供坚强的政治保证和组织保证。

## 二、组织领导

为了加强思想政治教育活动的领导,从组织上保证这一活动的顺利开展,现成立思想政治教育活动领导小组和工作小组。

1.思想政治教育领导小组:

组　长:卢　江

副组长:王汝雷、缪　钦

---

① 原文标题为《上城区城站街道办事处领导班子、领导干部思想政治教育活动方案》。

2.思想政治教育工作小组：

组　　长：贾怀山

成　　员：吴汝光、祝小君

### 三、主要内容

思想政治教育以"三讲"为主要内容，突出"讲政治"这个核心。通过学习教育，努力使街道领导班子、领导干部在思想上有明显提高、政治上有明显进步、作风上有明显转变、纪律上有明显增强、党群干群关系有明显改善。其教育的着重点是：

1.理想信念。在教育中认真清理不讲理论学习、不关心人民政治大事、不讲原则、是非不清、糊涂摇摆的错误倾向。通过教育，使领导班子、领导干部能够自觉地同以江泽民同志为核心的党中央在思想上、政治上保持高度一致，坚决贯彻中央和上级的方针政策；自觉地用马列主义、毛泽东思想与邓小平理论武装头脑，坚定共产主义理想和建设有中国特色社会主义的信念；在改造客观世界的同时，自觉改造主观世界，树立正确的人生观、价值观。

2.民主集中制。在教育中认真纠正有令不行、有禁不止的自由主义倾向；搞一言堂、个人说了算的家长制作风；各自为政、各行其是、争权夺利、"窝里斗"不团结的错误倾向；会上不说、会下乱说、泄露机密、挑拨是非的错误行为。通过教育，使领导班子、领导干部树立大局观念，坚持民主与集中相结合的组织制度、领导制度和工作制度，维护团结，增强凝聚力和战斗力。

3.宗旨观念。教育中认真纠正高高在上、不深入基层调查研究的官僚主义；做表面文章的形式主义；不讲大局的个人主义；"吃、拿、卡、要"、侵害群众利益的错误行为。通过教育，领导干部要自觉实践党的宗旨，正确对待和运用人民赋予的权力，真心诚意为人民谋利益，为群众办实事、做好事；经常深入基层、深入群众调查研究，倾听群众意见。

4.廉洁自律。教育中认真纠正以权谋私、损公肥私、贪赃枉法、行贿受贿、铺张浪费、追逐奢靡、贪图安逸等腐败现象和不良风气。通过教育，领导干部要自觉执行中央、省委、市委、区委有关廉洁从政的规定，坚持和发扬艰苦奋斗、勤俭节约的优良传统，做到清正廉洁、干净干事、清白做人、拒腐防变、一身正气。

### 四、方法步骤

这次领导班子、领导干部的思想政治教育活动是贯彻江泽民同志"三个代表"讲话精神的重大举措,其方法步骤是保证教育效果的重要形式。

1.深入动员教育。组织召开领导班子动员大会;机关干部职工动员教育会;企事业单位领导与居民干部动员教育会。传达学习上委〔2000〕16号文件精神,宣传思想政治教育活动的意义,使领导干部、广大职工群众明确认识到:(1)认识对领导班子、领导干部进行思想政治教育活动,是贯彻落实江泽民同志"三个代表"的思想和开展"双思"教育的具体行动;(2)认识对领导班子、领导干部进行思想政治教育活动,是落实"三讲"的具体表现;(3)认识对领导班子、领导干部进行思想政治教育活动,是强化领导班子建设、提高干部队伍素质的重要举措;(4)认识对领导班子、领导干部进行思想政治教育活动,是贯彻党的十五大精神、进一步推进改革开放、坚持党的基本路线不动摇的需要。通过动员教育,明确思想认识,从而提高大家参与思想政治教育活动的积极性。

2.广泛征求意见。广泛征求干部群众对街道领导班子、领导干部的意见,对于促进领导班子、领导干部的思想作风建设有着重要的意义。在思想政治教育活动中,要坚持广开意见渠道,认真听取群众反映的情况。具体做法如下:(1)打印发放领导干部思想政治教育意见征求表。(2)深入居民区、企事业单位的职工群众中,走访听取他们的心声。(3)开辟群众意见专线,设置群众意见投递箱。(4)建立群众意见收集组,广泛收集群众意见。

3.抓好理论学习。深入抓好领导班子、领导干部的政治理论学习是这次思想政治教育活动的重要内容,对促进领导干部的思想建设、强化领导干部的政治素质有着积极的意义。根据区委的学习安排,严格遵守学习纪律,落实学习内容,认真理解每个专题的基本观点和精神实质。

4.开展自我剖析。认真开展自我剖析活动,是要根据江泽民同志"三个代表"的要求,认真检查在理想信念、人生观、价值观、宗旨观等方面,坚持民主集中制方面,廉洁从政方面等存在的问题。每个领导干部、班子成员要写出3000字左右的个人剖析材料,找准问题、切中要害、剖析原因、总结教训,并针对群众提出的问题,制订整改措施,与群众见面。

5.开展批评与自我批评。开展批评与自我批评是我们党的优良传统与作风,对于促进领导班子与领导干部的思想作风建设有着积极作用。

(1)领导班子成员要开展谈心交心活动。主要领导要主动找班子成员谈心,班子成员之间要互相谈心交心。通过谈心交心活动,交换意见、沟通思想、消除误会、达成共识、加强团结。

(2)召开民主生活会。敞开思想、坦诚相见,认真负责地开展批评与自我批评。民主生活会要高标准、严要求,不护短、不掩盖、实事求是,从团结的愿望出发,真诚地帮助同志,善意地开展批评,严禁恶意攻击、无中生有、纠缠枝节和片面化。

6.制订整改措施。在个人自我剖析的基础上,结合干部群众提出的意见,在班子中统一认识,找准存在的主要问题,研究制订切实可行的整改措施,形成书面材料,在一定范围内向群众通报。

## 五、时间划分

从5月25日起至6月12日止,利用近20天的时间完成领导班子、领导干部思想政治教育活动。具体时间安排与工作分配如下:

5月25日,在浙江省交通厅二楼会议室,召开动员大会,参加人员:机关干部、居民干部代表及所属企事业单位代表。

5月26日至5月28日,广泛征求意见。其范围:街道机关、各居民区、企事业单位、街道所属单位。

5月29日至6月1日,政治理论学习。(由区委统一组织)

6月2日至6月6日,为自我剖析阶段。

6月7日至8日,为班子成员谈心交心阶段。

6月9日至10日,召开民主生活会。

6月11日,制订整改措施。

6月12日,向群众通报整改措施,总结思想政治教育活动。

中共上城区城站街道工作委员会

2000 年 5 月 24 日

【由杭州市上城区档案馆提供】

# 杭州市上城区关于城站街道办事处
# 要求建设城站社区服务中心的请示①

上计经建〔2000〕87 号

市计委：

我区城站街道办事处因城站广场建设，下属社区服务、居民办公用房等被拆除 4000 余平方米。因此，街道社区服务设施严重缺乏，同时考虑到原居住人口大量外迁，入托城站幼儿园人数随之减少，可以合并安排到欢乐幼儿园的实际情况，城站街道办事处要求将建国南路 98 号的城站幼儿园改建为城站社区服务中心，建设总面积 3000 平方米，主要用途为街道文化设施、工疗站、老少活动室等，建设总投资 300 万元，资金自筹。

以上请示当否，请批复。

杭州市上城区计划与经济局

2000 年 6 月 9 日

【由杭州市上城区档案馆提供】

---

① 原文标题为《关于城站街道办事处要求建设城站社区服务中心的请示》。

# 杭州市关于同意城站街道办事处
# 建设城站社区服务中心的批复<sup>①</sup>

杭计科社〔2000〕439 号

上城区计划与经济局：

你局上计经建〔2000〕87 号文悉。因城站广场建设需要，拆除城站街道办事处下属部分社区服务用房，为完善街道社区服务，经研究，同意上城区城站街道办事处将该街道所属的建国南路 98 号的城站幼儿园改建为城站社区服务中心(含幼儿园)，总建筑面积 3000 平方米，总投资 300 万元，所需资金自筹解决。

该项目列入杭州市 2000 年基本建设计划，项目代码为：00211077。

望接文后，抓紧按基本建设程序办理有关手续。

杭州市计划委员会

2000 年 6 月 30 日

【由杭州市上城区档案馆提供】

---

① 　原文标题为《关于同意城站街道办事处建设城站社区服务中心的批复》。

# 杭州市上城区闸口街道办事处主任办公会议议事规则①

为规范街道办事处主任办公会议程序,提高会议质量,根据区政府的工作要求,制订本议事规则。

1. 主任办公会议由主任、副主任组成。并可视研究内容通知相关人员参加。

2. 主任办公会议由办事处主任召集并主持,也可以由主任委托一名副主任负责召集并主持。

3. 主任办公会议一般每月召开1次,视情况延期或提前。如遇全局性工作可不定期召开主任办公扩大会议,并请相关人员或科室长列席会议。

4. 主任办公会议的议事范围

(1)按照党工委的决定、决议研究布置街道办事处的日常工作。

(2)及时了解掌握各项工作的进展情况,协调解决工作中出现的矛盾和问题。

(3)按照党的方针、政策和国家法律、法规,对事关全街道经济、社会发展、行政政策、机构调整等重大问题负责进行调研,并提出意见和方案。及时研究区政府布置的阶段性工作的落实方案。

(4)每季度对全街道的经济运行情况和财政收支情况进行分析研究,并做出布置。

(5)研究解决与会人员提出的工作中的问题,对一时难以把握的问题应暂停做出决定,做进一步研究或提交党工委会议审议。

(6)分解落实《杭州市街道办事处工作暂行规定》的有关工作任务。

(7)研究落实人民武装工作中的有关问题。

5. 主任办公室会议由街道行政办负责场地的落实和人员通知,并做好会议记录工作。

上城区闸口街道办事处

2000 年 7 月 8 日

【由杭州市上城区档案馆提供】

---

① 原文标题为《上城区闸口街道办事处主任办公会议议事规则》。

# 杭州市上城区关于开展身系岗位、心系群众、情系社区、争创群众满意居委会和满意居委会干部的通知<sup>①</sup>

上街工办〔2000〕8 号　　上民字〔2000〕27 号

各街道办事处、各居委会：

为了贯彻落实江泽民总书记提出的"要大力加强城市社区建设,充分发挥街道办事处、居委会的作用"的讲话精神,充分发挥居委会的自我管理、自我教育、自我服务的"三自"作用,调动社区单位、社区群众参与社区建设的积极性、主动性、创造性,决定在全区居民区开展"三系、双满意"活动,即身系岗位、心系群众、情系社区,争创群众满意居委会和满意居委会干部活动。

一、指导思想

以党的十五大精神为指导,加强基层自治组织建设,以推进社区"优良秩序、优美环境、优质服务、优化管理"和"安全感、舒适感、亲切感、文明感"的"四优""四感"为总目标,以群众高兴不高兴、满意不满意、欢迎不欢迎、赞成不赞成作为街道居委会工作的标准,树立全心全意为辖区单位、居民群众服务的思想,在辖区中形成"社区是我家,建设靠大家"的良好风尚。

二、方法、步骤

(一)宣传发动阶段

时间为 2000 年 7 月 20 日至 8 月 20 日

1. 召开居民区党支部、居委会班子、居民小组长或墙门代表会议,统一思想认识,明确开展"三系、双满意"活动的目的、要求。

2. 拟订本居民区开展"三系、双满意"活动的具体计划与日程安排。

3. 运用各种舆论宣传工具,向辖区单位和居民群众宣传。

---

① 　原文标题为《关于开展身系岗位、心系群众、情系社区、争创群众满意居委会和满意居委会干部的通知》。

（二）具体实施阶段

时间为 2000 年 8 月 20 日至 12 月 15 日

1.各居委会向辖区单位和居民发一封创建信和一份调查征求意见表,让群众了解居委会并对居委会工作提出意见和要求。

2.各居委会对辖区单位和居民要进行一次普遍走访,通过走访了解情况,倾听民意,贴近群众,帮助群众办实事、解难题。

3.要有目的、有计划、有针对性地推出一些服务和活动项目,动员和吸收辖区的居民、单位广泛参加,以提高居委会的知名度。

（三）总结表彰阶段

时间为 2000 年 12 月 15 日至 12 月 30 日

1.各街道、各居委会要认真总结开展"三系、双满意"活动的成绩和效果,认真做好小结工作。

2.各街道要广泛征求辖区单位、居民的意见,推荐群众满意居委会和满意居委会干部,并召开由辖区单位、居民代表参加的经验交流和表彰大会。

3.区街道工作办公室和民政局在各街道总结表彰的基础上召开全区的表彰总结大会。

三、几点要求

1.各街道、各居委会高度重视"三系、双满意"活动的开展,各居委会成员要树立想尽千方百计、诉说千言万语、不怕千辛万苦、为了千家万户的全心全意为人民服务的思想和工作作风,努力提高居民干部的自身素质和居委会在辖区建设中的地位和作用,用自己的行动在辖区单位和群众中真正形成"社区是我家,建设靠大家"的良好氛围。

2.在这次活动中,要求居委会干部在处理好日常工作的前提下,可结合人口普查工作和居务公开工作,深入细致地走访居民住户和单位,了解和掌握情况,要多看、多听、多问、多想,广泛征求意见和建议。做好记录、分析、整理。对居民住户和单位提出的一些热点、难点问题,属于街道和居民区解决范围的,要尽力帮助解决,属于区、市的要积极向上反映,通过我们"串百家门,知百家情,解百家忧,暖百家心"的工作,来增强居民、单位和居委会之间的凝聚力。

3.各街道和各居委会要采取多种形式把这次活动的目的、意义和方法在辖区居民和单位中进行广泛宣传,使之家喻户晓、人人皆知。要精心组织和适时推出一些活动项目,吸引群众广泛参与,提高居民住户对居委会工作的"参与率、知晓率、满意率"。

4.各街道要及时总结各居委会在活动中涌现出来的好人好事和好经验。区民政局将不定期地召开会议交流活动情况,以促进"三系、双满意"活动扎扎实实地开展。

上城区街道工作办公室　上城区民政局

2000 年 7 月 13 日

【由杭州市上城区档案馆提供】

# 杭州市上城区关于城站街道办事处将
# 原建国南路 98 号城站幼儿园改建为街道社区服务中心，
# 要求减免人防费用的报告①

上城办〔2000〕第 54 号

杭州市人防办：

　　因城站广场建设需要，将原城站街道社区服务用房 4000 平方米全部拆除，为完整街道社区服务建设，并根据市规划局规划许可证（0100328）号及市土管局建设用地批准书第 106 号等有关证件，同意城站街道办事处将原建国南路 98 号城站幼儿园改建为街道社区服务中心，现要求减免有关费用，特此报告。

杭州城站街道办事处

2000 年 8 月 18 日

【由杭州市上城区档案馆提供】

---

　　① 原文标题为《关于城站街道办事处将原建国南路 98 号城站幼儿园改建为街道社区服务中心，要求减免人防费用的报告》。

# 中共中央办公厅、国务院办公厅关于转发《民政部关于在全国推进城市社区建设的意见》的通知

中共中央办公厅、国务院办公厅

中办发〔2000〕23 号

各省、自治区、直辖市党委和人民政府,各大军区党委,中央和国家机关各部委,军委各总部、各军兵种党委,各人民团体:

《民政部关于在全国推进城市社区建设的意见》已经党中央、国务院同意,现转发给你们,请结合本地区、本部门实际情况,认真贯彻执行。

大力推进城市社区建设,是新形势下坚持党的群众路线、做好群众工作和加强基层政权建设的重要内容,是面向新世纪我国城市现代化建设的重要途径。切实加强城市社区建设,对于促进经济和社会协调发展,提高人民的生活水平和生活质量,扩大基层民主,维护社会稳定,推动城市改革与发展,具有十分重要的意义。各级党委和政府要高度重视城市社区建设,把社区建设工作摆上重要议事日程,切实帮助解决城市社区建设中的困难和问题。政府各有关部门和人民团体要充分发挥各自的作用,共同推动城市社区建设向前发展。

中共中央办公厅

国务院办公厅

2000 年 11 月 19 日

（此件发至县、团级,传达到城市居民委员会）

## 民政部关于在全国推进城市社区建设的意见

（2000 年 11 月 3 日）

社区是指聚居在一定地域范围内的人们所组成的社会生活共同体。目前城市社区的范围,一般是指经过社区体制改革后做了规模调整的居民委员会辖区。社区建设是指在党和政府的领导下,依靠社区力量,利用社区资源,强化社区功能,解决社区问题,促进社区政治、经济、文化、环境协调和健康发展,不断提高社区成员生活水平和生活质量的过程。社区建设是一项新的工作,

大力推进社区建设,是我国城市经济和社会发展到一定阶段的必然要求,是面向新世纪我国城市现代化建设的重要途径。1999 年底,我国有 667 个城市,749 个市辖区,5904 个街道办事处,11.5 万个居民委员会。随着改革开放的不断深入,特别是社会主义市场经济体制的初步确立,包括街道办事处、居民委员会在内的城市基层社会结构面临改革和调整的任务,社区的地位和作用显得十分重要,社区建设的要求非常迫切。因此,很有必要在总结 26 个城市社区建设实验区一年多来试点经验的基础上,在全国范围内积极推进城市社区建设。为了做好这项工作,现提出以下意见:

## 一、充分认识推进城市社区建设的重大意义

(一)推进城市社区建设,是改革开放和社会主义现代化建设的迫切要求

在新的形势下,社会成员固定地从属于一定社会组织的管理体制已被打破,大量"单位人"转为"社会人",同时大量农村人口涌入城市,社会流动人口增加,加上教育、管理工作存在一些薄弱环节,致使城市社会人口的管理相对滞后,迫切需要建立一种新的社区式管理模式。随着我国城市数量的不断增加和城市化进程的加快,基础设施日趋完善,现有城市的管理和服务不相配套,尤其是城市基层社会管理比较薄弱,大力加强和完善城市管理水平,提高居民素质和文明程度显得十分紧迫。随着国有企业深化改革、转换经营机制和政府机构改革、转变职能,企业剥离的社会职能和政府转移出来的服务职能,大部分要由城市社区来承接。建立一个独立于企业事业单位之外的社会保障体系和社会化服务网络,也需要城市社区发挥作用。同时,随着人民群众生活水平的不断提高和住房、医疗、养老、就业等各项制度改革的深入,城市居民与所在社区的关系愈来愈密切。他们不仅关注社区的发展,参与社区的活动,而且对社区的服务和管理、居住环境、文化娱乐、医疗卫生等方面提出多层次、多样化的要求。推动社区建设,拓展社区服务,提高生活质量,已成为广大城市居民的迫切要求。

(二)推进城市社区建设,是繁荣基层文化生活,加强社会主义精神文明建设的有效措施

改革开放以来,特别是党的十四届六中全会以来,以社区建设为载体,活跃基层文化生活和加强社会主义精神文明建设的工作呈现出扎实推进、持续发展的良好态势。随着创建文明社区活动的深入开展,社区面貌明显改观,社

区风气逐步好转,文明楼院、文明小区数量不断增多,对促进改革、发展、稳定发挥了积极作用。实践证明,大力开展社区教育,引导居民爱祖国、爱城市、爱社区,可以形成崇尚先进、团结互助、扶正祛邪、积极向上的社区道德风尚;经常组织具有社区特色的群众性文体活动,丰富居民精神文化生活,可以增强社区的凝聚力,形成科学文明健康的生活方式;紧紧抓住社区居民关心的热点、难点问题,有针对性地开展思想政治工作,并坚持把解决思想问题同解决实际问题结合起来,加强社区服务与管理,可以进一步密切党同人民群众的联系,充分调动社区居民"讲文明树新风、共建美好家园"的积极性。

(三)推进城市社区建设,是巩固城市基层政权和加强社会主义民主政治建设的重要途径

长期以来,受计划经济体制的影响,城市居民委员会不同程度地存在行政化管理的现象,居民参与社区建设的程度还不太高。随着改革的深化和居民对社区事务的日益关注,城市居民委员会原有的管理方式很难适应形势发展的需要。面对流动人口、下岗职工、老龄工作、社会治安、计划生育等各种问题,城市居民委员会在管理和服务上力不从心,存在着责权利不统一、职责任务不明确、管辖范围过小、人员老化、工作条件差等问题。推进社区建设,发挥社区居民自治组织的作用,保证社区居民依法管理自己的事情,是解决上述问题的有效办法。

## 二、明确城市社区建设的指导思想、基本原则和主要目标

城市社区建设的指导思想是:以邓小平理论和江泽民同志关于"三个代表"的重要思想为指导,认真贯彻落实党的十五大精神,从我国基本国情出发,改革城市基层管理体制,强化社区功能,巩固党在城市工作的组织基础和群众基础,加强城市基层政权和群众性自治组织建设,提高人民群众的生活质量和文明程度,扩大基层民主,密切党群关系,维护社会政治稳定,促进城市经济和社会的协调发展。

城市社区建设的基本原则是:(1)以人为本、服务居民。坚持以不断满足社区居民的社会需求,提高居民生活质量和文明程度为宗旨,把服务社区居民作为社区建设的根本出发点和归宿。(2)资源共享、共驻共建。充分调动社区内机关、团体、部队、企业事业组织等一切力量广泛参与社区建设,最大限度地实现社区资源的共有、共享,营造共驻社区、共建社区的良好氛围。(3)责权统

一、管理有序。改革城市基层社会管理体制,建立健全社区组织,明确社区组织的职责和权利,改进社区的管理与服务,寓管理于服务之中,增强社区的凝聚力。(4)扩大民主、居民自治。坚持按地域性、认同感等社区构成要素科学合理地划分社区;在社区内实行民主选举、民主决策、民主管理、民主监督,逐步实现社区居民自我管理、自我教育、自我服务、自我监督。(5)因地制宜、循序渐进。坚持实事求是,一切从实际出发,突出地方特色,从居民群众迫切要求解决和热切关注的问题入手,有计划、有步骤地实现社区建设的发展目标。

今后五到十年城市社区建设的主要目标是:(1)适应城市现代化的要求,加强社区党的组织和社区居民自治组织建设,建立起以地域性为特征、以认同感为纽带的新型社区,构建新的社区组织体系。(2)以拓展社区服务为龙头,不断丰富社区建设的内容,增加服务的发展项目,促进社区服务网络化和产业化,努力提高居民生活质量,不断满足人民群众日益增长的物质文化需求。(3)加强社区管理,理顺社区关系,完善社区功能,改革城市基层管理体制,建立与社会主义市场经济体制相适应的社区管理体制和运行机制。(4)坚持政府指导和社会共同参与相结合,充分发挥社区力量,合理配置社区资源,大力发展社区事业,不断提高居民的素质和整个社区的文明程度,努力建设管理有序、服务完善、环境优美、治安良好、生活便利、人际关系和谐的新型现代化社区。

## 三、促进城市社区建设各项工作的开展

### (一)拓展社区服务

在大中城市,要重点抓好城区、街道办事处社区服务中心和社区居委会社区服务站的建设与管理。社区服务主要是开展面向老年人、儿童、残疾人、社会贫困户、优抚对象的社会救助和福利服务,面向社区居民的便民利民服务,面向社区单位的社会化服务,面向下岗职工的再就业服务和社会保障社会化服务。社区服务是社区建设重点发展的项目,具有广阔的前景,要坚持社会化、产业化的发展方向。各地区要继续贯彻落实国家对发展社区服务的各项扶持政策,统筹规划,规范行业管理。要不断提高社区服务质量和社区管理水平,使社区服务在改善居民生活、扩大就业机会、建立社会保障社会化服务体系、大力发展服务业等方面发挥更加积极的作用。

### (二)发展社区卫生

要把城市卫生工作的重点放到社区,积极发展社区卫生。加强社区卫生

服务站点的建设,积极开展以疾病预防、医疗、保健、康复、健康教育和计划生育技术服务等为主要内容的社区卫生服务,方便群众就医,不断改善社区居民的卫生条件。

（三）繁荣社区文化

积极发展社区文化事业,加强思想文化阵地建设,不断完善公益性群众文化设施。要充分利用街道文化站、社区服务活动室、社区广场等现有文化活动设施,组织开展丰富多彩、健康有益的文化、体育、科普、教育、娱乐等活动;利用社区内的各种专栏、板报宣传社会主义精神文明,倡导科学、文明、健康的生活方式;加强对社区成员的社会主义教育、政治思想教育和科学文化教育,形成健康向上、文明和谐的社区文化氛围。

（四）美化社区环境

要大力整治社区环境,净化、绿化、美化社区。要提高社区居民的环境保护意识,赋予社区居民对社区环境的知情权。要努力搞好社区环境卫生,建设干净、整洁的美好社区。

（五）加强社区治安

建立社会治安综合治理网络,有条件的地方,要根据社区规模的调整,按照"一区（社区）一警"的模式调整民警责任区,设立社区警务室,健全社会治安防范体系,实行群防群治;组织开展经常性、群众性的法治教育和法律咨询、民事调解工作,加强对刑满释放、解除劳教人员的安置帮教工作和流动人口的管理,消除各种社会不稳定因素。

（六）因地制宜地确定城市社区建设发展的内容

各地区在推进城市社区建设的过程中,应根据本地经济和社会发展的水平与现有工作基础,从实际出发,分类指导,从基础工作做起,标准由低到高,项目由少到多,不断丰富内容,力戒形式主义。

四、加强城市社区组织和队伍建设

（一）加强社区党组织建设

要按照《中国共产党章程》的有关规定,结合社区党员的分布情况,及时建立健全社区党的组织,开展党的工作。社区党组织是社区组织的领导核心,在街道党组织的领导下开展工作。其主要职责是:宣传贯彻党的路线、方针、政策和国家的法律法规,团结、组织党支部成员和居民群众完成本社区所担负的各项任务;支持和保证社区居民委员会依法自治,履行职责;加强党组织的自身建设,做好思想政治工作,发挥党员在社区建设中的先锋模范作用。

（二）加强社区居民自治组织建设

加强社区居民自治组织建设的前提是科学合理地划分社区。要以改革创新精神,按照便于服务管理、便于开发社区资源、便于社区居民自治的原则,并考虑地域性、认同感等社区构成要素,对原有街道办事处、居民委员会所辖区域作适当调整,以调整后的居民委员会辖区作为社区地域,并冠名社区。在此基础上,建立社区居民自治组织。社区居民委员会的成员经民主选举产生,负责社区日常事务的管理。社区居民委员会的根本性质是党领导下的社区居民实行自我管理、自我教育、自我服务、自我监督的群众性自治组织。

（三）逐步建立社区工作者队伍

社区建设需要大批专业的社区工作者。要采取向社会公开招聘、民主选举、竞争上岗等办法,选聘社区居委会干部,努力建设一支专业化、高素质的社区工作者队伍,尤其要从下岗职工和大中专毕业生中选聘政治素质好、文化程度高、工作能力强、热爱社区工作的优秀人才,经过法定程序,充实到社区工作者队伍中去。要切实改善社区党的组织和居民自治组织的工作条件和社区工作人员的生活条件;积极发展志愿者队伍,广泛动员社会力量参与社区建设。

## 五、制订规划,加强领导,形成推进城市社区建设的整体合力

（一）城市社区建设应纳入当地国民经济与社会发展计划

第十个五年计划期间,各地区要根据国家以及地方政府的经济和社会发展规划,在进行深入细致的社区调查、摸清底数、科学论证的基础上,制订城市社区建设五年规划和年度实施计划。制订规划要立足长远,具有前瞻性;实施计划要着眼于现实,注重可操作性。要指导和帮助城市街道办事处、社区居委会做好社区发展规划,保证社区建设的发展有计划、有步骤地进行。

（二）各级党委和政府要高度重视社区建设

在推进社区建设的工作中,党政主要领导要亲自过问,经常给予指导,分管领导要切实负起责任,将工作落到实处。尤其是城市和城区的党委、政府,要切实加强对社区建设工作的领导,把社区建设工作摆上重要议事日程,帮助

解决推进社区建设中的困难和问题。各级民政部门要在同级党委和政府的领导下,积极发挥职能作用,当好参谋助手,主动地履行职责,把社区建设作为城市民政工作的主要依托,作为今后五年城市民政工作的重点积极推进。要在总结试点经验的基础上,开展社区建设示范活动。社区建设涉及方方面面,在党委、政府的领导下,各有关部门和单位要各司其职,各负其责,相互配合支持,按照各自的职能共同做好工作。要充分发挥工会、共青团、妇联、残联以及老龄等组织在推进社区建设中的重要作用,努力形成党委和政府领导、民政部门牵头、有关部门配合、社区居委会主办、社会力量支持、群众广泛参与的推进社区建设的整体合力。

# 杭州市上城区城站街道关于选派、招聘、选聘社区居委会干部的若干规定<sup>①</sup>

上城工委〔2000〕第 46 号

随着社会主义市场经济体制的逐步确立,城市化进程的进一步加快,为了适应新形势变化发展的需要,根据区委、区政府《关于上城区社区建设实施方案》的总体要求,特制订本规定。

## 一、指导思想

在区委、区政府的直接领导下,在街道党工委、办事处的具体指导下,结合本街道的实际情况,遵循大胆改革、积极探索、慎重行事、稳步实施的原则,通过选派、招聘、选聘等途径,挑选德才兼备的同志,筹建社区居委会,真正发挥社区居委会的自我管理、自我教育、自我服务作用。

## 二、范围条件

（一）选派干部的条件和范围

范围:选派到社区居委会的干部,在街道机关、部门的全体机关干部职工中挑选。

主要条件:

1. 须具有履行职责所需的理论素养和政策水平,具有履行职位、职责所需的管理、组织协调能力和领导能力。

2. 须具有较强的工作责任性,具备一定的基层工作经验,热爱社区工作。

3. 作风正派,善于团结同志,密切联系群众,廉洁奉公,遵纪守法。

（二）招聘干部的范围和条件

范围:在全市范围内通过笔试、面试和考察,进行公开招聘,择优聘用。

条件:

1. 年龄在 45 周岁以下,具有高中以上文化程度,本市户口,身体健康。

---

① 原文标题为《上城区城站街道关于选派、招聘、选聘社区居委会干部的若干规定》。

2.须具有一定的理论水平、政策水平和实际工作能力。

3.热爱社区工作,并具有较强的工作责任性,作风正派,办事公正,廉洁奉公,遵纪守法。

(三)选聘干部的范围和条件

范围:在现有居委会干部中,通过工作述职、面试、综合考察,择优聘用。

条件:

1.须具有一定的政策水平和较强的工作实践经验。

2.热爱社区工作,办事公正,为人正派,工作踏实,被群众认可。

3.须具有初中以上文化程度,自愿报名,身体健康,年龄50周岁以下(历年来居民工作成绩显著的干部其年龄可适当放宽)。

## 三、实施办法

### (一)人选产生

1.选派干部:根据上述选派干部的范围和条件,具体人选由街道党工委、办事处领导班子集体研究决定。

2.招聘干部:首先在《杭州日报》刊登招聘启示,公开招聘条件;其次组织面试,并按高分到低分以1∶3的比例,选拔进入面试;第三,组织面试,并按面试成绩(从高分到低分)以1∶2的比例,选拔进入考察;第四,经综合评定,并经街道党工委、办事处领导班子集体讨论,最后择优16名进入体检。如有身体不合格者,则在进入考察阶段的人员中择优挑选。

### (二)社区居委会筹建

1.选派、招聘和选聘人员确定后,办事处领导班子根据所有人员的理论水平、工作能力、个性特征等因素,集体讨论决定9个社区居委会干部的具体人选。

2.成立由上述人员组成的各社区居委会筹建小组,负责各社区居委会的选举、交接工作和居委会的日常工作,其中街道选派干部指定为负责人。

## 四、政策待遇

### (一)选派干部

1.根据区委、区政府有关文件规定,选派干部在社区居委会任职期间,原编制、身份、待遇一律不变。

2. 选派干部通过社区选举,担任社区居委会党总支书记或主任的,均享受街道中层干部待遇,此外,每月下基层津贴另定。

(二)招聘干部

1. 招聘干部经社区居民代表大会选举通过后,按《居委会组织法》的有关规定执行;如在选举中落选,则作为专职居干,从事社区居委会书记、主任指派的工作,街道将与其签订为期1年的合同。

2. 招聘干部每月基本工资600元。

3. 招聘干部原为待业(无业)人员的,街道将为其统一办理养老保险和失业保险。

(三)选聘干部

选聘干部经社区居民代表大会选举通过后,按《居委会组织法》的有关规定执行,如在选举中落选,则作为专职居干,从事社区居委会书记、主任指派的工作,街道将与其签订为期1年的合同。

五、要求

本次社区居委会调整改革工作,是城区居委会走向社区化之路,也是加强城市社区建设必然要求,对于改善党和政府发挥社区职能,完善城市功能,加强民主政治将起到积极的推动作用。

1. 全体街道机关干部职工和居委会干部一定要统一思想,提高认识。每个同志都应顾全大局,服从组织安排。

2. 街道社区居委会改革调整领导小组要加强对这项工作的组织领导,并在区委、区政府的直接领导下进行具体组织实施。

3. 要认真做好思想发动工作,进一步明确这项工作的重要意义,确保社区居委会改革调整工作的顺利进行。

中共上城区城站街道工作委员会

上城区人民政府城站街道办事处

2000 年 12 月 5 日

【由杭州市上城区档案馆提供】

# 附录1 1949年前的相关文献

## 嫩南行政公署关于改造街村政权的指示

伴随全区人民清算运动的展开以及其他各种工作的推进，必须改造直至现在仍为地痞流氓、土豪劣绅与敌伪残余势力所盘踞并借以压榨人民的街村政权，把人民解放所获得的经济的、政治的果实，从政权组织上巩固起来，并求得在经济、政治地位上更加改善与提高。为此，本署特作以下的指示：

一、为了彻底解除土豪劣绅、地痞流氓与敌伪残余势力加给人民的束缚与压迫，使人民从若干年来的束缚与压迫下得到解放，得到翻身，使街村政权变为民主的、人民的政权，各县应无例外地、逐渐地配合各种工作进行街村政权的改造。这种改造工作要求是全面的，但各县又应该估计群众发动的情形，估计自己的力量，组织自己的力量，有重点地来进行，以便突破一点，推动全盘。

二、街村政权是政权中的基层组织，它密切地联系着群众，联系着人民。因之，街村政权的改造无疑是民主建设中最重要部分。被压迫的人民能否得到翻身，获得的利益能否巩固，并寻求解放，其关键即系于此。因之对此次街村政权的改造，我们应给以足够的认识和足够的估计。我们不止于要求形式的改造，最重要的是要在这次改造中，使街村政权民主化，使广大被压迫的人民在新的街村政权中站住脚，占取绝对的优势。只有如此，才能达到我们改造街村政权的目的。

三、旧时敌伪在城市中所划的街和在乡村所划的大村应该加以废除，重新建立适合人民要求和民主要求的新的街村组织。兹暂规定如下：

（1）城厢区（或镇）以下，可根据城镇之大小划分为若干街。街以住民300户至500户为标准。由街民大会选举街政委员5人至9人，组织街政委员会，建立街公所。内街长1人、副街长1人、民政委员1人、财粮委员1人、教育委员1人、生产委员1人、防疫委员1人、治安委员1人（暂不设）、武装委员 1 人(兼自卫军队长),其中街长可脱离生产,其待遇如区助理员。如工作需要,可另聘文书 1 人,其待遇如区办事员。其余如副街长及各委员,不脱离生产。

街以下以居民 10 户至 30 户划为一个小组,由居民互选组长 1 人,为无级职,负责与街公所联系并办理居民公议、嘱托及街公所委办事项。

(2)一般区以下可参照伪满时行政屯之大小范围建立行政村,由村民大会选举村政委员 5 人至 9 人,组织村政委员会,建立村公所,内设村长 1 人、副村长 1 人、民教委员 1 人、财粮委员 1 人、生产委员 1 人、公安委员 1 人(暂不设)、武装委员 1 人(兼自卫军队长)。村长、副村长及各委员完全为义务职,定期开会轮流值班,但 100 户以上之大行政村,村长可半脱离生产,村公所每月补助高粱米 60 斤。村以下根据自然距离之远近,每 10 户至 30 户划为一个小组,由居民互选组长一人,为无职级,负责与村公所联系,并办理居民公议,嘱托及村公所委办事项。

(3)街政委员会或村政委员会每半月开会一次,以讨论与处理区县命令、指示及街村应兴应革事宜。

街或村政委员会及街或村民大会开会时,以街村长为主席。

(4)改造后的街村政权,其经费暂行自筹,其开支规定如下:

a.街村办公费每月不得超过 200 元,干部津贴应按时规定办理。

b.小学办公费一班者每月不得超过 100 元,增一班可增 50 元。教员薪金可按行署规定之薪金等级第五级办理。

c.街村公所之开支虽属自筹,但每月必须向区公所造报预决算。如有临时特别开支,必须呈报区公所方准开支。

四、街村政权的改造过程中,应尽可能采取民主方式:一方面可教育群众民主生活,一方面可鼓励群众斗争情绪。故街或村政委员的选举必须召开街民大会或村民大会,在大会中应本着知无不言、言无不尽的精神,使群众尽量发言,让他们说出他们多少年来想说而未敢说的话,让他们选举能为他们自己办事情的人。

五、街村政权的改造必须与群众其他各种切身利益的斗争相结合,同时在这中间,一方面要启发群众的觉悟,一方面要掌握积极分子的活动,将整个力量很好地加以估计,加以组织。坏人必须给以打击,中间动摇者必须加以争取,广大群众必须团结一致,选举时之候选人必须正确地确定与提出。只有如此,街村政权的改造才易于取得胜利。

街村政权组织形式是草案性质,应在执行中总结经验,提出修改办法,以便最后确定公布之。

主任　顾卓新

1946 年 4 月 20 日

【选自《黑龙江革命历史档案史料丛编——建立政权》(内部发行)】

# 嫩南行政公署关于彻底改造政权刷新领导作风的通令

一、在我各级政府内曾在伪满时期为敌伪服务之人员，除一部下级职员、雇员、技术人员可仍旧予以录用外，其余曾任过科县长、区村长等之伪满官吏应一律免职。较好者亦须于免职后，经过一定时期之考查再个别予以录用，以刷新我政府之人事，改变人民对我政府之观感，贯彻我扶持人民翻身之本旨。过去有的县做到了宁缺毋滥是很对的。有的则全部或大部仍是伪满旧员，使广大人民不愿接近政府，心怀疑惧，必须坚决改变使面貌一新。

二、今后由上级派遣干部至各县区事实上已很困难，故主要途径只有眼光向下自谋解决：

（一）在各种群众斗争与群众运动中间，发现积极分子和群众领袖，耐心地培养教育并大胆地提拔。只有这种从群众中来的干部成分在我政府机构中的比重增加，才能使我们易于和群众结合，这是我们干部政策中最正确的路线。

（二）培养当地青年知识分子，团结民主正义人士参加政府工作。

（三）各县可根据具体情况和条件成立小型的短期训练班，训练对象为进步的青年知识分子和工农分子。训练内容为民主知识、政策法令、时事和工作办法。训练方法可一方面帮助工作，进行工作实习，一方面阅读文件并研究各种法令及工作总结。

三、在我各级政府内部，大部分干部继承了艰苦为人民服务的作风。但由于部分干部思想的脆弱和领导上的放任，因而沾染享乐颓废、敷衍塞责的作风，只顾自己不顾革命利益，只做官样文章不做实际工作，对群众疾苦漠不关心，对群众要求充耳不闻。这些坏的作风，实不能允许其再在我民主政府内存在，必须痛加改正。

第一，在干部思想上，应该认识到今天是和平民主斗争最激烈的时期，为争取和平民主的迅速到来，为使被敌伪压榨十四年的东北人民得到彻底解放，我们应该在思想上和行动上战斗地动员起来，紧张严肃地工作，杜绝一切享乐和敷衍的作风。

第二，在工作上应该不眠不休地去做，"少办公事"多下乡，多接近群众，尽一切精力去为群众办事，满足群众的愿望。最近，必须把减租减息、分配敌伪地产与肃清土匪，武装人民两件大事办好。

四、县之等级，依人口、地区、富力、自然与政治环境规定。甲等县：洮南、费安、泰来等三县。乙等县:洮北、开通、突泉、安广、杜尔伯特旗等五县旗。丙等县:瞻榆、景星、镇东、爽北等四县。县政府工作人员(不算各局,民族事务科一般不设):甲等县:不得超过 50 人。乙等县:不得超过 40 人。丙等县:不得超过 20 人。现有人员如超过以上规定者应即坚决减缩。公安局除武装外不得超过 15 人。区公所除武装外,不得超过 9 人并一律取消勤务员。

五、今后,县区政府及各局人员,除个别特殊情形外,尽量采用供给制,住宿于机关,取消照例的上班下班,以增强工作效率。除衣食生活费外,四、五两月津贴费停发。

上令各节仰各遵照为要。此令

主任　顾卓新

1946 年 4 月 28 日

【选自《黑龙江革命历史档案史料丛编——建立政权》(内部发行)】

# 于毅夫主席在嫩江省临时参议会上
# 关于民主建设工作的报告

### 一、民主政府产生的经过

"八一五"解放后,我们嫩江省人民依然处在伪政权的统治之下。当时的"解放委员会"实际是伪政权的继续。因为汉奸伪省长申振先,当时仍然是所谓"委员长",他们像伪满一样骑在人民的脖子上,欺压人民,人民非常不满。这时候嫩江省在抗日英雄王明贵领导下,已经产生了人民的武装——人民自卫军。同时,人民要求建立自己的政权。这时候我已从内地归来,东北抗日联军和东北救亡总会等团体在春天推我为嫩江省主席,车向忱先生为副主席。于是在 1945 年 11 月 14 日民主政府在各界人士选举下产生了。这个政府的产生,标志着人民政府的开始。

民主政府成立后,就积极地为地方民主自治和人民翻身事业努力。直到 1945 年(民国三十四年)12 月 30 日,政府为了省内和平和协同军队剿匪临时离开了齐齐哈尔迁到甘南。此后,齐齐哈尔就变成特务横行、土匪聚集的巢穴,弄得民不聊生,鸡犬不宁。另一方面,嫩江、讷河、甘南、龙江、林甸、富裕、泰康、安广、镇来、大赉、洮南、洮安、瞻榆、开通、突泉等 17 县土匪都被肃清了。为了拯救齐齐哈尔,应人民之请,民主政府又于 4 月 24 日迁回齐齐哈尔。在去年离开齐齐哈尔以后,为了领导上的方便,曾把全省划为嫩南、嫩北两区。省府回齐以后,这两区就统一到省府之下了。这就是民主政府成立经过的梗概。

### 二、民主政府的主要工作

7 个月以来,在全省人民的拥护和帮助以及全体工作同志努力之下,民主政府做了许多工作。现仅向全体参议员先生提出报告,希各位参议员批评指教。

推行民主自治,成立了为人民服务的政府。

民主政府成立以后,就着手积极地推行地方民主自治。为此,成立民主自治促进会,到各县去推行地方民主自治运动,各县、市、旗,除个别县以外,都先后召开代表各个阶层真正实施民主的参议会。以前认为没有地位的工人农民，也可以成为参议员，登上讲台发表了宝贵的意见。老百姓都说："这是从来没听过的事情。"在参议会上，老百姓选出了自己心爱的县长，人民真正成了主人。这些事实，把那种认为"老百姓无知无识，不懂民主"的说法完全粉碎了。因为各县的政权是老百姓自己选举出来的，所以这种政权就成了为人民服务的机关。各县政府都遵照着民意办事，一切工作都从人民的利益出发，这样就把统治人民的政府变成了人民自己的政府。

为了贯彻为人民服务这个方针，从省到区，各级政府工作人员只知工作，而不问报酬，他们养成了有事就做、遇事就做的作风。现在已经克服了"上下班"制度，这样就养成了贤明的、廉洁的为人民辛勤工作的新作风。

至今，全省17个县政府都已改造，区政权有一部分已改造，许多旧职员在民主政府领导下，也有了很大的进步。

为人民服务的政府的另一个标志，就是克服了过去的形式主义和文牍主义。各级政府工作人员不拘形式地随时为人民解决问题。许多县长、区长为了了解与解决民间疾苦，亲自下乡去，这样就更密切了与人民的联系。"以前老百姓是看不到县长的，现在县长就像家里人一样了！"老百姓把民主政府的工作人员当成了自己的亲人一样。由于新作风的建立和工作效率的提高，所以民主政府就克服了机构庞大和人员过多的弊病。比如伪省政府职员及附属机关1000多名，现在只有100来名。从前县政府职员有的300名，有的500名。现在只用三四十名，例如镇来县只用19名职员。这种机构的精简，一方面提高了干部的积极性，一方面又节省了人民的负担。各界也不断地清理与培养了大批新干部，如甘南办了三期训练班，培养干部百名，龙江也办了两期训练班，培养干部近百名。

民主政府一面推行地方自治，同时还帮助蒙古民族自治。现在所有蒙古民族的地方都成立了蒙古自治运动联合会支会。为了照顾蒙古民族的利益，我们在省府内特别设立了蒙政府的组织。同时为了消除蒙汉民族间的隔阂，我们极力倡导蒙汉民族的团结。

1946年7月

【选自《黑龙江革命历史档案史料丛编——建立政权》（内部发行）】

# 关于哈尔滨市政权建设和除奸保卫工作①

　　一、我们希望建立一种什么样的政权呢？我们希望建立一个劳苦群众占优势的人民政权。这个政权无论在政策上、成分上、工作作风上，都确确实实能够代表劳苦群众的利益，而且不是自以为是的，而是被广大劳苦群众所承认和批准的。现在我们政权距离这个要求还差得很远，成分上还有一部分伪职员，作风上存在着严重官僚主义，特别是市政府，许多劳苦群众还不承认这个政权是他们的，虽然有时候群众说某些政权负责人是我们的，这并不见得就是因为我们真正替他们做了多少好事，而是因为群众知道这些人是共产党员，所以才这样说的。如何才能把我们的政权变成劳苦群众占优势的呢？第一，我们应该很好地检讨我们过去的各种政策法令和工作，看是不是合乎广大劳苦群众的利益和要求，群众永久的利益自然是战争胜利，这且不谈，也许不少群众今天还不是十分清楚打倒蒋介石与他的永久利益有什么关系，群众过去和目前的要求：职业，物价稳定，能买到粮食，民主。但是恰好这几件事情过去我们都办得很糟糕，群众不拥护政权这是必然的。第二，我们检讨了工作，确定了政策，依靠什么人来执行和贯彻我们的政策呢？依靠我们的同志（真正思想上搞通了的同志），但人数很少，还要很多人。旧职员不可能执行和贯彻这些为群众服务的政策。因此我们要吸收大批工人参加政权工作，长期地、耐心地来培养这些工人干部，只有培养了大批工人干部在政权中工作，才能改变政权工作作风。当然这并不是说我们今天政权中要来一个清一色工人政府，就不要一部分小资产阶级和个别的资产阶级，而是说只有加强了工人干部成分之后，才可以吸收一小部分小资产阶级和极少数资产阶级。第三，成立以劳苦群众占优势的人民代表会议，来代替现在的临时参议会，由这个人民代表会议来监督各级政府、改选市行政委员会，不再强调"三三制"。当然，我们政权组织上是这样，政权执行的政策目前仍应是统一战线的。除代表劳苦群众利益之外，还要适当照顾到资产阶级的利益，其实这也还是为了劳苦群众的永久利益，并没有什么单纯的资产阶级利益。

　　二、组织形式。仍以市区街三级政权为好，加强街政权的组织和工作。把

---

　　①　此件为刘达同志在市委会议上所作的财经小组讨论总结之一部分。刘达即刘成栋，当时任哈尔滨第一任市长。原文标题为《关于政权建设和除奸保卫工作》。

街道工作队的一部分经过审查和短期训练之后派到各街政权中工作。街公所设三四名脱离生产的武装兵警,以便代替现在的自卫队打更放哨以节省民力。设副街长1名,在街长统一领导下专门负责领导武装兵警和户口员,实际上是在街政权统一领导执行派出所的任务。在某些重要地区如市场出入口设派出所,由区分局直接领导。街公所的基本任务是:管理户口、维持治安、组织生产消费、配合群众工作、发动街道群众、战争动员、优待军属、清洁卫生。编制即应根据这些任务决定。区政府是市政府的辅助领导机关,代表市府督促检查各街公所对市府决定指示执行的情形。但市府必须把可以分散的具体工作和已经确定原则的工作交区政府去执行,如优待军属、组织生产消费合作社、移民、公共卫生、战争动员等,以减少市府的日常事务。市府可以用更大的力量来研究政策和抓紧财经工作。区政府的组织分工大体如下:民政股(包括战勤在内)、公益股、教育股、秘书股(与公安分局共同的)。每区人数原则上仍以15人为标准,特别大的区、特别小的区可酌量增减。市政府的组织没有很大的变动。工商管理局改为工业管理局(等于省的建设部门),设贸易管理局(即合并现在的哈尔滨贸易管理局),设一个机构,管理公用企业的行政工作。

1947年11月中旬

【选自《城市的接管与社会改造　哈尔滨卷》】

# 中央关于注意总结城市工作经验的指示

各中央局、分局、前委、并告中工委：

关于城市工作：

一、中工委 2 月 19 日电所述石家庄城市工作经验必须引起全党注意。各中央局、分局、前委必须讨论中工委 2 月 19 日电，并将中工委 2 月 19 日电当作党内文件印发至地方地委一级，军队团委一级。各级党委收到中工委 2 月 19 日电以后均应引起讨论。

二、尔后各局各军在攻占城市及在占领以后不久时期内，管理城市的工作方针及方法，应即以中工委 2 月 19 日电所述攻占石家庄及初期管理石家庄的方针及方法为基本方针及方法。

三、多年以来，我们占领了很多城市，有了丰富的经验。但是没有总结，让这些经验埋没，让各种错误的方针及方法反复重犯，让良好的经验限于一地无法为全党取法。这是经验主义、地方主义还在我们党内占有重要地位并在这个问题上表现出来的结果。各中央局、分局、前委对于自己攻占及管理的城市，似乎还没有做过一次认真的研究，亦没有将城市工作比较完全的经验向中央做过反映。我们占领并长期管理了张家口、邯郸、长治、晋城、淮阴、烟台、威海卫、淄川、博山、德州、承德、赤峰、安东、哈尔滨、齐齐哈尔、牡丹江、佳木斯、石家庄等几十个大城市及中等城市，临时占领不久又退出的，则有沈阳、长春、焦作、韩城、许昌、漯河、运城等处。可是，这一切城市工作经验（不能说不丰富），除运城一处我军入城秩序不好，曾由邯郸局有过反映外，再没有任何一处有过反映。像石家庄这样重要的经验，是由中工委总结的，两年前张家口的经验，我们是从中工委的 2 月 19 日电才看到的。这种在重大问题上（不是小问题或技术问题，而是重大的政治问题）事前不请示，事后不报告的极端恶劣的习惯，在七大以后并未根绝，现在已相当严重地影响了党的工作的发展。

四、为了将党的注意力不偏重于战争与农村工作，而引导到注意城市工作，为了使现已取得的城市的工作在我们手里迅速做好，为了对今后取得的城市的工作事先有充分的精神准备与组织准备，中央责成各中央局、分局、前委对于自己占领的城市，凡有人口 5 万以上者，逐一做出简明扼要的工作总结，并限三至四个月内完成此项总结，电告我们。

1948 年 2 月 25 日

【选自《城市的接管与社会改造　河南卷》】

# 哈尔滨市关于加强工人运动的指示 ( 草案 )<sup>①</sup>

一、城市群众工作的基本方针是与发展城市经济相结合,现任务中心在于团结和教育群众,发展生产,支援战争。工人阶级是城市生产大军,是支援战争的主力,是民主政权的支柱,也是建设党的基础和培养干部的根本来源。把工人运动做好,是党与政府最基本的任务。两年来哈市工运虽有很大发展并具有今日的基础,但基础还不够广大与深入,发动和团结工人的多数以至全体的任务还远未完成。至今公营企业工人,一部分私营企业工人,广大的失业工人、手工工人、苦力工人及其他零散雇佣劳动者还没有组织起来,这不能不是今日党的工作中的极大弱点,因此及时强调工人运动,并采取必要措施加强这一运动的领导是完全正确和必要的。

二、城市工人的组织形式应以生产或职业为单位,按照各种不同职业活动的工人要求与利益,把一切雇佣劳动者分别组织到各级产业工会或行业工会中去,并按需要组织地区性的产联工会,然后工会才能代表不同行业工人的阶级要求,并经常保持工运领导和步骤的统一及工人之间的团结一致。党的任务,要争取一切工人基于自愿原则加入工会,而党通过工会取得对于工人运动的领导作用。

为适应这一要求,区街组织形式需要有所转变,因为街道是居民单位和目前的行政单位,而非生产与职业单位,城市群众组织要结合生产与职业活动始能符合群众要求,街道工会是把集中的城市工人运动,从职业与生产的整体活动中分割出来,把各色工人、贫民、妇女生硬地结合到一个小块范围的地区组织里,既难相互熟悉,也不可能把彼此复杂的要求统一起来,这就是街道工会或贫民会难于坚持或流于形式的原因。因此,市委确定今后街道群众工作须改变,首先以区为单位,把未参加组织的私营工人,合作经营的企业工人、手工、苦力、失业工人区别先后分别组织到各业工会中来。民主产生领导机构,并建立各行业工会工人代表会议制,以加强工会与工人的联系、培养骨干和解决工作问题。

但群众基层组织(分会或小组)与行政基层组织(街政)需有一定程度的结

---

① 原文标题为《关于加强工人运动的指示(草案)》。

合,保证行政任务的推行和有助于政权民主化。为达此目的,过渡时期可考虑于街公所设置街政临时委员会、工会、妇女会之分会负责代表,及当地中小学党的负责人,即为组成委员会成员中之一部分。街道行政及动员任务即可通过居民小组及各业工会,妇女会之分会小组以实现配合保证作用。而当今后在群众运动进一步扩大的基础上,应及时研究街道人民代表会议制,如何以劳动人民为主体,并联合其他阶层人民,使代表会体现为具有广泛群众民主性的政权形式。

三、组织各色手工工人、作坊工人、苦力及失业工人是一个复杂的工作,党与工会必须深入群众,亲自了解他们的情绪与要求,针对实际提出问题,并发动和团结群众来解决问题。从代表群众当前的实际利益出发,具体地引导群众走向团结,耐心地进行群众的革命教育,启发自觉引导群众巩固团结,对于他们之间共同的或独立的利益,哪怕是很细小的也尽可能想法解决。帮助他们就业与转业,帮助他们把劳动力组织起来,组织工作介绍(类似荐头信),合理调整工资,反对把头①或包工的封建剥削,帮助他们按照可能组织副业生产,运输生产,以沟通城乡物资交流,帮助他们组织集体购买某些生产必需品,以减少中间剥削,帮助他们获得政治民主与合理负担,帮助他们组织学习提高文化与政治认识,凡此等等,均须依靠通过群众路线,基于群众觉悟的提高和自身团结来实现。而党的任务,就是在于教育群众,细心研究群众中的问题,及时地、恰当地提出口号,并耐心地帮助群众发现和培养成分纯洁、作风正派的群众干部,扶持工人的阶级团体成为具有广泛群众基础的工人之家和工人的学校。

同时,为了适应以生动活泼的形式团结城市群众,首先是团结工人群众,我们需要以大力组织以工人为主体的俱乐部,作为工人群众经常活动场所。俱乐部应有固定房屋和家具,内容采取多种形式,有书报,有娱乐,有夜校,有讲演,有说书,有漫谈,有职业征询,有书信代笔。这样的团结和组织群众的新形式是十分有用的,党与工会应把自己的工作与俱乐部活动结合起来,把俱乐部作为自己联系群众的重要环节之一,市委责成各区委及办事处试办一两个,并求得及时推广。

四、为贯彻以上任务,市委确定以工人工作作为区委群众工作的主要一

---

① 把头制度:是一种雇佣劳动的剥削制度,旧中国的把头通常与地方封建势力(如帮会)及反动政权勾结在一起,垄断包工,工人要找工作就不得不找把头。——编者注

环,原有之街道工作队进行改组,重新配备力量。

　　工运之组织领导,为使分工合理以求达到有效地加强工运目的,今后在不抵触上级工会(总工会)之任务与工作布置下,办事处党组织应接受区委之日常领导,并向区委报告工作,协商解决本区内的工会问题。区工会办事处仍为总工会之代表机关,接受总工会关于全市工运之统一布置检查与总结,区委应保证实现之。工人中党的工作(除某些总工会划成之特殊部分外)统一由区委管理,并因工作需要与总工会党组织取得联系,工人干部(党与非党)总工会得因需要调动之,老干部之调动原则须经区委同意,参加区委干部调动须通过市委,区委委员及其他干部之参加工会工作者均应结合于区办事处,以工会面目进行工人工作,而不采取区委工作队之双重形式。总工会仍为市产联性质,其任务为把握政策,总结经验,统一工运工作,布置与检查计划全市性之职工教育与福利事项,并统一计划分配各项动员任务(动员工人及工人干部与劳军等)。其本身领导分工会,应加强主要公营企业及私营企业之军需生产等主要行业之工作,并建立工人代表会议制和开展生产立功运动,区办事处亦应根据总工会意图,分工管理公私企业及手工苦力与失业工人工作,并以主要力量加强公私企业中之军需生产部分之工人工作。

中共哈尔滨市委员会

1948 年

【选自《城市的接管与社会改造　哈尔滨卷》】

## 哈尔滨市委关于改造与建设街村政权的指示①

　　"城市中政权的作用是非常重要的。政权工作好坏,对于管理城市、城市民主秩序的建立、城市经济的恢复和发展、人民生活的安定与保证、群众工作的进展与对反革命分子的镇压等,都有决定意义。忽视政权的作用,不去尽一切力量加强政权工作和巩固我们的民主政权等,都是极端有害的。"(《东北局城市工作大纲草案》)哈市民主政权自1946年四二八进军后建立起来,迄今已两年有余了。虽然,我们在贯彻党的民主建设和政权改造的方针下获得若干的成就,但尚远远落后于客观形势的发展和广大群众的要求,特别是街政权的改造和建设,是建设全市政权的基础,是深入工作、贯彻政策法令的重要环节。虽然我们在这方面摧毁了敌伪的警察特务政治并取消了其残存的班组长制度,但民主力量尚未充分发挥出来,旧时代的人物和作风还或多或少存在着,特别是家长制的残余,都严重阻碍着基层政权的民主化。因此,改造与建设街政权,是当前党和政府的中心任务之一。

　　哈市经过我们两年多的工作过程,对于基层群众特别是工人群众的发动与组织都有了相当的基础,在这个基础上进行改造和建设街政权,不仅是可能而且是必要的,因此,市委有如下指示:

　　一、今年街政权建设,由于群众工作发展不平衡,还不能在每个区街普遍建立人民代表会议制,但凡有党的支部或有真正能起作用的群众组织的街,一定要用大力进行,并建立这种制度以加强与人民的联系。如尚不具备这个条件的街,也必须采用过渡性质的方式,建立街政会议制(以本街各团体工厂学校合作社代表一人,由街主席召集会议)。

　　二、凡进行街人民代表会议的街,每个人民代表必须由公民直接选举,因此,也就必须建立全街的公民登记和审查工作。但这个公民登记和审查又是一个身份教育和民主斗争工作,因此,在这一民主运动中,一方面启发人民争取做一个新社会的公民,即自己国家的主人的思想,从而提高其政治觉悟,加强政策法令的教育;另一方面严格检举封建地主、汉奸国特等破坏分子,如尚未经政府审判剥夺公民权的人员被发现确有重大罪恶者,应搜集其罪恶材料

---

　　①　原文标题为《市委关于改造与建设街村政权的指示》。

证据,提出意见,送交区政府,经法院审理解决。其余人员应不分阶级、种族、信仰、文化、性别等一律按市府公布之选举条例规定办理公民登记。当然我们的政权是不包括封建地主、官僚资本、汉奸国特这类分子的,但在审查登记公民中,如因团结大多数群众放宽尺度而渗进一些小的此类分子,只要严防他们混入政权领导机构中来,是没有什么大危害的。应该注意的是在这个工作中,不要偏到"清算"方面去,认真地告诉党员干部,告诉基层群众,要用大力发动以工人阶级为领导骨干团结各革命阶层的广大群众,掀起建政的民主热潮来。

三、根据过去街政权的改造的经验和现在已开始划街编组的情况反映,尚有两个值得注意的问题,一为街组干部的成分保证,一为减轻街组干部的日常事务问题。前者在过去改造街政权或这次划街编组当中,总感到与各个群众团体的配合有很多具体问题,有组织的产业工人,主要是以生产单位为其活动的范围,日常与街政权的关系是很少的,因而对街政权的关心还没有提到应有的程度。街道上的手工业者及独立小生产者也都是早出晚归为了自己的生活工作着,也很难再用自己的精力参加街政权的管理。剩下的居民除上项人员的家属外,就是贫民,或者是店员、学生,或者是工商业者,再就是一般的住户和各色各样的无业游民。后者由于战争时的工作比较复杂和烦琐,兼职的街组干部耽误不起工。

市委为了解决以上的问题,除在各区的工作摸索创造中求得解决外,还有如下三个意见:

①工会工作为了取得和街道上建党建政的密切联系,按照工人分布的情形,在不妨碍按行业组织的基本原则下,使工会工作能在一个街的范围内起着政权支柱与骨干作用。因此,今后工会工作要配合这次街政权建设,提高会员拥政参政的热情,这也是巩固工会,调整组织的重要内容之一。

②认真地划街编组,建立公安分驻所的工作,并与改造建设街政权有机地结合起来。划街后,街范围小了,设专门脱离生产的街干部三至五人,可以克服过去把工作推到不脱离生产的闾长身上的忙乱现象;公安分驻所建立后,过去集中在街的公安行政,又有了专门机构去执行,减轻了街政府很大的一部分事务行政,且居住证发给后,一切户口户籍工作,概由分驻所直接到户去处理,这样,街组的事务更减少了。但为了吸收一些不脱离生产人员辅佐和分担街政工作,根据东付家区和香坊区的经验,在街政委员会下设立战勤、卫生公益等委员会,或者一组之内,在组长领导下,设立战勤、卫生等委员或干事,也可做到一街行政在大家负责的精神下提高工作效率,减轻街组干部的日常事务。

③提高街组干部的政治地位。事实上，在伟大的人民战争和建设新社会的面前，能够担当着为人民所拥戴的街组干部，是每个干部的无上光荣，把这一光荣当作为人民服务的教育，对照着旧政权人员仗势凌人、贪污腐化的行为，在选举中开展一个拥戴新干部的运动，是很重要的一个问题。特别要抓住现有典型人物，利用报纸介绍其典型模范事迹，并由行政系统给予适当奖励，都是党在建设政权、培养干部时应该经常注意的工作。另外在物质上的优待，特别对于组长，应该把这一优待的制度逐渐建立起来，如合作社购买粮食和公家配给物品的优先权及在一定的数量上可以比一般人员多些等，也是一种奖励和鼓励其积极性的方式之一。

四、街政权改造与建设。根据今天的城市特点，为了保证无产阶级的领导权，选举办法采取职业选举与地区选举两种。职业选举，即以各街现有的群众团体或企业（工会、妇联、学校、工厂、合作社）为单位，按照市府公布选举条例的规定，由其组成人员直接选举。因此，在公民登记审查时，即应以团体及职业为单位，造具公民册并做准备工作。如本街有少数民族的组织（回、蒙民等），现道外回联街分会，亦应以该分会为一特殊选举单位，由其会员直接选举1至2人为代表。地区选举，即以组为单位，每一组或两组选代表1人，但在选举中，各级党及各单位团体的党应认真动员并物色在群众中有威信有能力的人员，保证其选举为人民代表，并具体计划和布置在一个街的全体人民代表中，工人阶级代表要占全体代表的三分之一，特殊的街道经市委批准的则例外。其三分之二的代表，为独立小生产者、知识分子自由职业者（医生等）、中小工商资本家（参加团体选举的不再参加地区选举）。

五、关于市郊农村政权的建设。于秋收后，根据东北政委会的指示的布置，一律建立村人民代表会议制，产生新政权，市委不另做指示。

六、我们对于这次街政权的改造和建设，不论城市与农村（由于在土改后的一个新的民主建设）都缺少经验，希望各区党和政府，在摸索中具体进行调查研究工作，及时总结经验，介绍经验，推广到全市去。同时，各区亦应在全面进行这一工作之初，至少找1至2个典型街村作试选工作，并于9月底将试选的总结送市府作参考。市委要求在今年至明春2月止，将各区全街的1/3至1/2的街道认真建立起街人民代表会议制来。

这个街村政权的改造和建设运动，是一个具体的民主教育，又是一个复杂的政治斗争。为了取得这场运动的胜利，并经过这场运动把民主政权建立在广泛的群众基础之上，为群众所掌握所支持，各区委必须具体地、慎重地掌握在这个运动中的每个环节,及时地介绍经验、纠正缺点,为胜利创造城市建政经验,完成街村政权建设而奋斗。

中共哈尔滨市委员会

1948 年 9 月 20 日

【选自《城市的接管与社会改造　哈尔滨卷》】

## 长春市府明令公布废除蒋匪保甲制度更改各区名称①

市府为废除蒋匪反动保甲制度，今后实施市、区、街三级政权组织，并将各区名称、区域予以变更，其原文如下：

经查保甲制度乃为国民党施行专制独裁封建统治之工具，其目的在于用以剥夺人民之权利，束缚人民之自由。本市既经解放，民主政权业已开始建立，应即明令公布废除国民党时代的反动保甲制度，代之以市、区、街三级政权组织，以符合新民主主义政权之性质及精神（即保改为街，甲改为组），并将原长春区更名为第一区，中山区更名为第二区，中正区更名为第三区，钟华、安民两区合并为第四区，和顺区更名为第五区，宽城、合隆两区合并为第六区，大屯、西阳两区合并为第七区，东荣、北河东两区合并为第八区，双德区更名为第九区，净月、南河东两区合并为第十区，春阳区更名为第十一区，劝农区更名为第十二区。

【选自 1948 年 11 月 8 日《长春解放》】

---

① 原文标题为《市府明令公布废除蒋匪保甲制度更改各区名称》。

# 冯仲云在哈尔滨县书扩大会上关于建政工作的报告①

这个报告主要传达东北局关于会议决议建政部分。

过去我们集中力量搞土改,因此,对政权工作没有系统进行。松江三年政权做了很多工作,如公粮、税收、贸易以及教育、卫生、司法、生产等。但在政权建设上尚未很好进行。松江群运一般可以分为几个时期,政权也是在这几个时期。清算时期,区村政权中还有旧村长,县的政权还有旧的职员,那时旧政权未彻底摧毁。到砍挖运动时,差不多把旧的都打垮了,那时乡村政权差不多是农会,县省政权把旧职员淘汰了。到平运时,一般政权中与平分运动差不离,斗争了中农,同时,乡村是贫雇农坐天下,口号是穷人说了算,平运中打击面太宽,政根基础相对缩小了。无产阶级领导不但不明显而且被忘记了,工农联盟思想也没有。同志们工作成绩很大,但偏向是带原则性的,平运后大家开始注意。据我所知,各方面对政权工作注意了些,干部也充实了,党对政权领导也注意,这是松江几年来政权的情况,政权建设,东北局的决定非常正确,但松江几年来没有系统地进行,领导上分散。现在东北已全部解放,基本地区土改已完成。只是长春、锦州、沈阳一带还未完成。因此,在胜利的基础上,我们有条件有基础,必须有系统地来进行全盘建设。今年经过生产运动,我们应该系统地来进行政权建设,应该自下而上地经过广大人民来选举统一的人民政权。

7 月间东北第二次行政会议,确定东北政权任务与政权机构,今天仍然是有效的,要贯彻执行。林枫主席说:东北政权工作的中心任务是领导生产,支援战争,把东北的生产建设从今天的基础上提高一步,发展一步,才能更有效地支援战争,改善人民生活,给战争建立物资基础。咱们政府可算为生产政府,只有把生产搞好,民主政权才能有物质基础,物质基础是要紧的。他后来进一步说,政府中心工作既是生产建设,就应该组织领导,想出与发现一系列的有关生产的政策问题。

## 一、政权性质问题

我们要建立的政权性质是无产阶级领导的、人民大众的、反帝反封建反官

---

① 　原文标题为《冯仲云在县书扩大会上关于建政工作的报告》。

僚资本主义的新民主主义政权。人民大众包括工人、农民、独立劳动者(木匠、瓦匠)、自由职业者、知识分子、自由资产阶级及一切爱国人士。这个政权虽是这简单几个字,但是很重要,同志们要很好地研究,特别是无产阶级领导,严格来说,很多同志对这是模糊的。如平运中贫雇农说了算,贫雇农坐天下等,这是忘记了无产阶级领导。无产阶级是先进的、有组织有纪律的,能够发展的,所以我们同志在政权工作中要特别注意无产阶级领导,而不要把农民作为领导,农民是被领导者。去年我们木匠也分了,医生也打了屁股,同志们对这要好好注意,执行政策路线就不会错误。文件说,只有在无产阶级领导下,才能保证政权以劳动者为主体,才能保证劳动者的利益,才能保证反帝反封建反官僚资本的胜利,才能保证不走旧民主主义的道路,才能有利于新民主主义的社会,才能有利于新民主主义向社会主义社会的转变。只有以劳动者为主体的政权,才对劳动者有利,对自由资产阶级也有利。

自由资产阶级是人民大众的一部分,但不是主体,劳动者才是主体。他不是决定革命性质的力量,决定革命性质的是无产阶级及无产阶级领导下的农民。自由资产阶级受到帝国主义与官僚资本的压迫损害,因此,他们可以参加革命,或者是保持中立。现在自由资产阶级左翼依附共产党,右翼依附国民党,中间派则在两者间动摇观望,他们对国民党不满,对我们怀疑。因此,我们有可能争取其多数,孤立其少数。自由资产阶级政党有些跑到咱们这里,有些跑到国民党那里,如青年党等。有的民主党派,在我党的"五一"口号下同意召开政协,都想同咱们接近,这样的党派共有30多个,但一部分中立观望。不论是在蒋管区还是在解放区,有的自由资产阶级对咱们的政策也采取观望态度。

其次,所谓开明士绅,爱国人士包括开明士绅,这是封建阶级中分裂出来的个别分子,是地富中带有民主色彩的个别分子。开明士绅条件应该是赞成反美反蒋,赞成民主,不反共,赞成土改的,这叫开明士绅,它不是一个阶级。

我们对自由资产阶级与开明士绅,应该争取他们、团结他们。但他们不是革命主体,在我们基本群众与资产阶级间,自然还有矛盾与斗争。在新民主主义革命彻底胜利以后,土改完成以后,无产阶级与资产阶级的矛盾就成为中国社会的主要矛盾,这矛盾在今后社会发展中会逐渐明显与暴露出来。在蒋介石未定例之前,反帝反封建是主要的。在新民主主义社会,无产阶级与资产阶级矛盾与斗争中,无产阶级一定要领导农民到自己方面来,把农民变为无产阶级的同盟军,来达到社会主义的转变。无产阶级与资产阶级的矛盾,是将来新民主主义社会的主要矛盾,而且会激烈起来。在解放区说来,无产阶级与资产阶级的矛盾是存在的,将来这个斗争不容丝毫轻视,而且是决定性的斗争,在各方面都会体现出来,在政治、经济、文化上,不但在城市里,而且在乡村里,甚至于在我们党里也会有。现在很多同志有这种观点:我们领导资产阶级,与资产阶级没有什么矛盾。在新民主主义未彻底胜利前,我们主要对付官僚资本封建主义与帝国主义,往后就要与资产阶级斗争,我们同志应好好注意。资产阶级正和我们争取对劳动群众的领导权,如阿城糖厂、老巴夺也提出改善工人生活。另如私人资本在林业经营上也一样,更不用说他们的投机倒把。资产阶级很会斗争,他们有经验。列宁说:"小生产者每日每刻都会产生资本主义。"农村里将来新富农发展,不可怕,一定要产生,在产生过程中一定有斗争,这斗争是多种多样的。资产阶级很好地服从无产阶级领导是不会有的。

文件说,乡村区村政权是在无产阶级领导下的农民政权,必须以贫雇农为骨干,巩固地联合中农。在人民代表会议与政府委员会中,中农数目应当与其人数相适当,并包括工人独立劳动者、小手工商业者、自由职业者、医生、小学教员,但不包括开明士绅,因为他们是从地富中分化出来的。

城市政权以工人为骨干,包括工人、农民、独立劳动者、自由职业者、知识分子、自由工商业者、自由资产阶级及其他爱国人士,但自由资产阶级不是主体。县以上政权一般以劳动群众为主体,包括工人、农民、自由职业者、知识分子。我们下面掌稳一点,上面可以放宽一点。总而言之,这政权必须以劳动者为主体,工农联盟为基础,在共产党领导下联合一切革命阶级。这里贯穿两种思想:一种是无产阶级领导,一种是工农联盟。这是列宁所规定的。在新民主主义社会,一切财经、生产、政权等都应是无产阶级领导的,工农联盟的,自由资产阶级决不甘心把领导权让给无产阶级。

## 二、政权的形式

政权的形式是什么?政权形式最好是人民民主政权。人民民主政权是对一切反革命阶级的民主专政,镇压反革命阶级,保卫胜利果实,组织广大群众,进行政治、经济、文化建设,达到支援战争,保证新民主主义彻底胜利。这个民主,是以无产阶级领导的人民大众的民主,是新民主主义的民主,不是过去村里农民的那种无政府状态的、平均主义的民主,是有领导有组织有纪律的民主,可它又是专政的,是对封建主义、帝国主义、官僚资本、国民党特务等的专政,剥夺了他们的选举权与被选举权,而且镇压他们。一个阶级被打倒,如果没有对他们镇压,他们会想出许多办法来破坏,如苏联革命后的布哈林、托洛茨基。因此，我们在新民主主义革命以后，一定要对他们实行长期的专政（这个斗争不仅表现在政治上，而且表现在经济上、文化上），以保证新民主主义的胜利。

这个政权最好的组织形式是各阶级人民的代表会议。这是新的人民大众自己管理自己生活的新的政权形式，完全不同于资产阶级的议会。它是完全没有封建与官僚资本的，也不是过去抗日时期的参议会。人民代表会议能最高权力机关，人民代表会议组织领导动员群众，联合各革命阶级进行政治、经济、文化的建设，是党与广大群众联系的最好形式。党要经过工会、农会、青年团、妇女等各种组织领导人民，其中最主要的是政权形式。各级人民代表会议是使劳动群众最好地掌握国家，管理国家。人民代表会议，是破坏旧政权机构、组织人民政权的最好的组织形式，使劳动群众最容易地来管理国家，组织生产，发挥其积极性。各级人民代表会议及其所选出的政府委员会是其权力机关，我们把行政、立法、司法等权力都统一起来，各级政府需完全执行人民代表会议决定。政府委员会要经常地、定期地向人民代表会议报告工作，请求审查批准。各级人民代表会议与其选出的政府委员会是民主集中制的，所有行政、司法、立法都属于人民代表会议，一切重要问题都经过人民代表会议决定，由政府来执行。人民代表会议便于人民掌握监督政权，不称职的可以罢免。各级政府必须真正为人民办事，才能树立威信与获得拥护。

关于选举工作，在明年春耕前，基本上要完成县、区、村三级人民代表会议和政府的选举。春耕后选举各省的人民代表会议及省政府。挂锄①后选举人民代表会议与东北政府。今年秋收后，大批开办训练班，训练区村干部及广大学生，准备实行选举。明年元旦前，完成选举准备工作。

10 月末各县要开始区村试点，组织选举委员会。县选委会，县长、民政科长、教育科长、县委民运部长、宣传部长一定参加，县长为主任委员，配有一个秘书。区选委会，区委、区长、民政助理一定要参加，区长为主任委员。村选委会，村长、民政委员、支部书记一定参加，村长为主任委员。各级选委会副主任可推选县府秘书，区村文书兼任选委会秘书。区村选委会一般由 5 人至 7 人组成。城市要完成街政府的选举。

为了教育干部，每区需有一两个干部参加，经过三五天训练后，参加试选工作。试选工作要在 11 月底完成，并做出总结。12 月份要训练干部，要配合

---

① 挂锄：指农闲季节。——编者注

征粮和群众副业生产进行选举。宣传和教育怎样进行选举？谁不能选？谁能选？试点结束后就挑选足够的干部，用半月到 20 天时间教育干部，讲解选举与组织条例。12 月训练干部，要将选举条例与政策交代清楚，联系试选经验。12 月底办完，1 月就可开始，村选一二月份完成，区县 3 月份完成。因此，事前要普遍了解鉴定村干，并做必要的调整。特别一些行政区有的大，有的小，按条例规定，联系实际重新调整一下。试选结束后，全县的选举经费报民政厅。区村会开三五天，吃的不管，不要造预算。县也只开几天，不划的县也得把选举做好。

县、区选举从 1 月到 3 月中旬。区代表会议 3 月 20 日开始。县代表会议 4 月 5 日开始。全省 4 月末做出总结。

### 三、关于开展民主运动问题

（一）各级党的组织必须加强民主运动的领导，加强政府的工作，组织及动员全党参加。民主运动无党的领导是不堪设想的。选举谁到政府去？谁有选举权？谁没有？一定有很多斗争，党必须好好领导。被打倒的地富用很多办法来破坏，我们要善于领导群众与之进行斗争。阿城有一个例子，过去的民政厅长×××到我这里来谈，为什么不给他公民证？将来政权工作，是很重要的工作，是党领导的武器，要把好的干部调到政权部门去工作，政权工作是最负责任的工作。东北局高干会的意见：党没有建好就进行选举工作，不是很好。时间很紧凑，3 月 15 日要选举完，那时群众已开始种小麦，时间够不够，大家可以讨论。1 月以前建党工作是否能完成？如不完成结果会怎么样？要求各县委注意民主运动。就现在看，全国政权恐怕也是明年的事情。

（二）广大群众和干部对掌握政权、建政重要性认识不够，甚至于有很多顾虑，所以要进行很大的教育工作。特别要发动落后，发动占人口半数以上的妇女参加选举，当选代表委员。农村妇女在东北一般说来很多，把妇女发动起来，那工作就做得差不多了。因为妇女在封建社会的最下层，比较落后，那情况就不一样，选举时妇女与男子一起选，女的一定落选。黑龙江省有这样例子，那还是建党中的会议，工作做好的才能选上。选举时或是女的单独成立一个小组，各地可根据情形决定，妇女虽不能一定占 15%，但必须照顾到，要把成年妇女选上。

要宣传列宁所说的革命基本问题是政权问题。要宣传选举人民代表会议和政府是群众最重要的权利，是自己管理自己的生活。抗战时期政权里有几个民主人士,因此,有些同志认为政权是统一战线,往后就不是这样。政府工作不是简单的工作,党一定要把自己的好干部送到政权里工作,否则政府工作是不健全的。哪个县政权不健全,哪个县党委就要负责任。

(三)民主选举要达到贫雇中农大团结。特别要教育贫雇农必须团结中农,因为中农是贫雇农永久的同盟军,要使中农了解与贫雇农团结才能最后解放。对平运中斗错的中农要补偿,补偿其生产的困难,全部照老样子是不可能的。

(四)在民主选举中的干部问题。原有干部都是经过3年工作中、斗争中培养出来的,基本上是好的。必须对干部、群众讲清楚,免得选举中发生恐慌。选举绝不是"跳圈子"与"搬石头",而是把真正给人民办事的积极分子选到政权中来,把他们提高一步。选举一定经过当地干部,选委会要积极活动。

(五)各级人民代表会议,需讨论生产问题。民主运动必须与生产运动结合起来,绝不是选二流子,而是选劳动模范。劳动好的才能讨论如何发展生产、支援战争、民主教育、建立民主制度、选举政府委员会。

(六)原则上地主、旧封建富农不能有选举与被选举权,不能参加政权。只有在参加劳动三五年以后才能改变成分。但为了分化瓦解地富,经过群众同意,只能给真正勤劳的、没有反动行为的小地主与富农以选举权,但不能被选。仅仅确定其有无选举权,决不能再来一次斗争。选举条例上没写地富要经过三五年才有选举权,这个由选委会来掌握。年满18周岁以上的为公民,不满18周岁年龄者无选举权。患重病者不行,经法院与军法处剥夺公民权者不行。无选举权者经过县的批准,因为这是一个大的问题。

四、组织机构与干部问题

政府组织机构与干部问题,行政委员会已公布县级机构,下面可以执行。县委须负责配置干部,把它充实起来。特等县109名,甲等县99名,乙等县85名,丙等县75名,区13名,村11名。村里规定2名到4名半脱离生产,即2名脱离生产,街可以脱离生产2名到3名。

有一个问题需解决,即卫生科问题。因过去有鼠疫,必要时可以设卫生科,或在民政科里设卫生股。

政府机构按原则调整:(一)要精悍,不要人浮于事,按需要有重点,反对铺张浪费,反对形式主义与平均主义。勤杂人员不超过全县干部的1/5。各企业确定编制,经主管部门批准,不得滥用与特殊。县、区政府机关为了自己工作人员的消费,可以进行农业生产,以减轻国家负担。特别要加强生产建设部门工作。编制条件要改变,须经党与上级的批准。

(二)党与政府关系问题。在实行民主以后,必须加强党对政府的领导,党是无产阶级的最高形式。在政府中,群众团体中工作的党员,一定要服从党的领导,服从党一元化的领导。但是党的领导一元化,不是个人包办,不是个人来解决重要问题,重要问题应由党委会来民主决定。政府与群众团体中的重大问题应由党组提到党委讨论决定。党组应保证党委的决定在政府与群众中执行,但党委不能命令政府与群众团体,也不能干涉。党委只有经过党组来实现自己的领导,在组织上保证政府法令的执行。下级党委对上级政府的指示,要号召党员干部积极支持与执行,不能反对与消极怠工。党委应使党员成为执行与遵守政府法令的模范。一揽子形式已过时,今后工作要领导有组织有纪律,一定的秩序及位子,不要乱套,否则,易引起工作意见分歧。要使工作顺利完成,不能纠缠不清。特别是以后工作中一些政策原则问题要很谨慎,如枪毙人一定要经过上级,一定要动员党员奉公守法。

(三)上下级关系问题。一定要按东北第二次行政会议决议执行,要统一领导,按级负责。上下级之间发生业务关系,应派人调查工作,提出意见。各级政府必须按级保证工作任务、工作计划,各种规定之执行,不能随便改变。

(四)要建立工作制度、报告制度,提高工作上的计划性。把工作计划订出来,按计划严格地执行,并需把调查研究工件建立起来。报告制度要做,县政府要县长做,经过党委会批准才送到省里来。

(五)干部问题。干部须作必要的调整。县长应是县里最好的干部,或与县书有同等能力的干部。并应加强生产部门的工作,大量训练干部。在编制条例上说,县委要与县府合办训练班,省办行政干部学校。各县对省办的农林学校不重视,不送学生来。行政干校训练区级干部,但送来村干部不少。农民学校开始有400多,现在有200多,这是不好的。省府以后还要注意多办行政干部学校。在职干部的政策思想、理论、业务学习必须加强,提倡每人要有专长。干部不能随便自由调动。

(六)为了保证政权干部作风的纯正,必须有党的领导,群众的监督。一定要开展批评与自我批评,才能把政权工作搞好。

1948年11月10日
【选自《城市的接管与社会改造　哈尔滨卷》】

# 唐山市接收管理委员会关于接收保管工作的初步总结

## 前　　言

唐山解放,已约半月,我们的接收接管工作算大致告一段落,今后除结合调查工作,继续发现敌伪产业,继续地接收接管外,并将现已接管了的敌伪机关及产业,根据其现有材料作一个初步的总结,以供参考。

## 目　　录

一、接收前的准备工作

二、争取时间迅速入城

三、敌人撤退时的阴谋破坏

四、迅速占领阵地

五、三种接收情况

六、工作恢复的情况

七、接收接管的对象及重要物资

八、检计及经验

## 一、接收前的准备工作

唐山未解放前,在焦庄一个来月的过程中,大家都认真负责地做了下列入城准备工作:

领导上认真地组织了干部的学习,接受了济南、沈阳的经验,进行了政策及纪律的教育,初步地克服了干部思想上的偏向,使之认识到今天新收复城市的重要性,及我们对新收复城市的长期巩固建设方针与具体政策,并打下了我们以战斗的精神,吃苦耐劳,克服困难,坚决完成任务的思想准备。

### 1. 组织上的准备

根据事先对唐山蒋伪各机关的详确调查了解研究了各部各局(法院银行在内)的接收对象,并由组织上适当地配备了干部,进行了组织分工,分别从事于具体接收工作的研讨,如教育局分成了小学组与中学组;工业局也分成了很多工作小组。

2. 物质基础的准备

因为事先认识到物质基础是维持一切工作的中心环节,并估计到进城尤其是初期,经济食粮等物质上的供给是可能困难的,故在这方面也做了相当的准备。

上述的准备工作,虽然还有些不够充分,但已大大地提高了干部的工作情绪,使我们能很有秩序地进入城市,切实地遵守了城市纪律,并在工作中一般干部都不怕劳苦,不眠不休地去完成了工作。

## 二、争取时间迅速入城

12 月 12 日,敌人逃走,我们得到消息后,所有准备入唐的机关部队当即出发,赶奔唐山,中途更进行了争取时间、反对松懈与拖延的斗争。敌人撤退的情况非常紊乱,争先恐后,慌乱一团,直到当日下午 6 时才大致撤净,而我们的公安部队,卫戍部队尾追着敌人,于当夜 10 时左右即进入唐山,中间仅相差 6 小时的时间,而我们各机关部门,在胜利地完成了争取时间的斗争后,亦于当夜 3 时左右先后进入唐山。

## 三、敌人撤退时的阴谋破坏

敌人撤退时,很多敌伪机关及公营企业中的首要分子,随敌潜逃,带去或焚毁一些重要的物资和档案,如伪警察局不仅破坏了房屋,并全部焚毁了文卷,同时敌人还有计划、有组织地隐匿或破坏了仓库的物资。如根据我们事先的调查了解,财政局原应接收 13 个大小仓库,但进城后只剩下一个未被抢光的仓库,而其他仓库的物资,则多被敌人隐匿或破坏。此外敌人还有计划地组织了地痞流氓及逃亡地富分子到处滥行抢掠,致有些商品遭受了破坏和损失。据初步了解,敌人逃走的当日,在新立街、新成街一带,有少数的便衣伪军警分子,集结了 300 多流氓及地富分子,有的伪借八路军的名义指挥着抢劫商号。在当时就有三十几家商号被抢,加上其他抢掠事件,先后被抢的商号大小共 58 家之多。估计其损失的总数约合 173 亿的长城券[①]。我公安机关部队迅速入城后,当即进行了坚决的镇压,始得平息。

---

① 长城券:一种代金券。——编者注

#### 四、迅速占领阵地

敌人这种有计划的破坏和抢掠,虽然使我们受到了一些损失,但由于我机关部队迅速入城及迅速地占领了阵地,镇压了特务分子的阴谋,进行了保护,使遭受的破坏及损失并不十分严重。

随着敌人的逃走,我机关人员,即于当夜 3 时全部进入唐山,虽经一夜行军而仍按预定计划,迅速分赴各接收阵地,与护矿护厂的积极分子接上头,制止了混乱。

#### 五、三种接收情况

在接收工作中,由于接收对象情况的不同及其遭受破坏的程度不同(有的未遭受破坏),故接收的具体情况,表现出下列三种不同的形式:

1. 邮电局及冀北电力公司等公用事业,由于事前员工的保护未遭受破坏及损失。我们进城后,很顺利地与护厂员工接了头,当即说明政策,动员其照常工作。故除邮局只停工 4 小时外,电信局及冀北电力公司则一直未停止工作。一般的技术人员,起初对我们多有些顾虑,工人群众除担心生活问题外,对我们是竭诚拥护的,但经过解释及初步地解决了他们的困难后,就已迅速恢复了常态。原来的职技工人员仍照常继续供职及工作,并进行了登记。同时各种物资器材及档案在未影响生产秩序的情况下,分别办理了点验及移交的手续,并造具移交清册。

2. 税局法院等机关,部分地遭受了损失,虽有一部分敌伪高级人员,随敌逃跑或已潜伏起来了,但仍有一部分小职员或工友,留法院内看守与保护。我们到达阵地后,首先与他们接了头,向其表明态度,说明政策,经过说服与动员后,就由他们分别去通知未逃走的伪职人员,令其前来报到及登记,结果大多数的伪职人员都来登记了,然后再从登记的伪职员中找出负责人或临时负责人来,出头办理各种移交手续,造具各种移交清册,以便正式移交及接收。

3. 伪政府、警察局等国民党的行政机关,遭受了严重的破坏,敌伪人员全部潜逃,文件档案已大部或全部被破坏无余,有些门窗家具也被抢一空,占领阵地后,找不到任何一个伪职人员接头,经号召后,次日即有伪职人员自行登记,并向我报告一些当地情况,除分别录用一部分外,其余令其回家,听候处理。这类机关的接收工作是没有办理移交手续的,其内部工作一开始就是完全在我们的布置下进行的。

## 六、工作恢复的情况

接收工作最重要的问题,就是如何去恢复工作,因为接收不是停顿,而正是为了恢复及发展,现在各部门的工作,大体上已逐渐恢复,今分别将几个重要部门工作恢复的情况介绍如下:

### 1. 关于社会性治安方面

进城以后由于公安部队及卫戍部队的武装维持,初步地清除了国民党重要特务分子,很快地建立了比较巩固的社会秩序,因此市面上没有发生任何抢、骚扰的事件。同时工商业得到了保护,人民的安全也得到了保障。

### 2. 关于财经贸易方面

财政经济方面,已初步解决了一些问题,如发工资进行社会救济等,稳定了工人及城市贫民的生活,建立了我们的群众基础。在商业方面,进城以后,首先由商业局领导,召开了一个 48 家同业公会理事长的联席会议,会议上商人的提议反映了商人对我们的顾虑很大,故直到 15 日以前商号复业者很少,于是在 15 日连续地召开了商业委员座谈会及各行业座谈会,再经解释及说明政策,并在贸易公司首先出售物资的带头领导下,商号才继续开门。至 16 日止,开市的商号已占全市商号的 74%～80%,但当时商人多以金圆券为本位,按贬价的金圆券折合边币去计算物价,故物价在起初是相当高的,后来解放区的食粮逐渐流入,至 19 日粮价就徐徐地下跌了。至于工业品的价格,因商人多担心卖出去以后怕买不回来,把价格定得也很高,但在我们限制物资外流及统一采购的行政管理下,再加以我们由纱厂批购了两万余尺的大布投入了市场后,工业品的价格尤其是纱布的价格才渐趋稳定了。

### 3. 关于货币方面

进城后由 14 日起我们确定金圆券与长城币的比值为 1 比 100。由于金圆券的贬值,边币的数量不足,形成了白洋的流通,有人则专以白洋购买金圆券,带到平津去。据 19 日统计,因此而出口的金圆券已达 22 亿之多,故当时曾一度因金圆券有了出路,其价值曾略为提高(高于银行之牌价)。现在金圆券黑市已渐肃清,同时一般商号及市民的金圆券已经减少了,故今后货币的斗争,除如期废止金圆券外,主要的将是限制白洋的流通。

### 4. 关于工矿方面

一般公营或私营较大的工矿企业,都没有停工而是顺利地走上正轨,尤其当我们具体地帮助其解决维持费后,生产情绪是逐渐提高了。一般较小的工矿有的遭受破坏比较严重,如唐山轧花厂机器被破坏,皮带被抢走,但经我贷款 1 亿元长城币,协助其修理完善后即于 20 日复业了,其他遭受破坏不严重,则均先后复业或准备复业与转业。

5. 关于社会救济方面

对贫苦市民及失业工人的救济工作,已在各区展开,由区公所向群众讲明救济意义,组织其自己办理,并实行群众性的评议(评议谁该救济,谁不该救济),这不仅解决了一部分贫苦群众的生活问题,还大大地提高了群众的政治觉悟,现在有很多过去被压迫的群众都纷纷地控告保甲长,要求取消保甲长,自己出头办理自己的事,这初步地给我们打下群众的基础。今将第三区的救济工作介绍如下:

第三区自 18 日至 22 日的 5 天时间中在 5 个保内进行了救济,共救济了 644 户,2605 人(五保共 3580 户,16824 人)。每人救济了杂粮 7~12 斤,共发放救济粮 25729 斤。

救济面决定为总人口的 10%~20%。但执行的结果为,救济面最大的第七保被救户占了 23.65%,被救人口达 23.65%,而救济面最小的第八保被救户也占了 12.5%,被救人口占 11.46%。5 个保平均起来算,被救户占 18.5%,被救人口占 15.4%,按事先准备的食粮来计算,救济面是过大了,结果有的保未及救济就无食粮了。

救济的方式与步骤上,首先是区干部到保去深入到户进行了解工作,同时经由区公所令保甲长填调查表,使二者相对照,然后即召开贫民会,选出委员来,自己办理救济的事,并在会上实行评议。结果群众都很认真,而且情绪都很高,被选出的委员,好多是表现得很积极,并且都感到今后不能再用保甲长了。自己的事应当自己来办。

6. 关于教育方面

自市教育局分别与各学校接头后,经过说明政策,召开各种座谈会,动员其照常复课,并适当地解决了公立学校的经费问题及私立学校的困难后,如 12 月份支付市中经费即合小米 7341 斤,省中经费小米 12783 斤,及晋仁中学经费小米 3364 斤,并借给私立汇文中学小米 120 斤,丰滦中学小米 930 斤,共计支付小米 24538 斤。除淑德女中始终未停课外,其余省中、市中、培仁女中、丰滦等校均于 14 日复课,遵化汇文(流亡的)于 16 日复课,学生人数七校(滦师除外)总计由解放的第 2 日的 1299 人到解放的第 6 日的 3210 人,已增加两倍半。至于小学方面,由于教育局供给了中心小学及市立小学共 13 校的 12 月份经费(计合小米 25180 斤),并解决了其他保小学及私立小学的困难,就有 7 校于 13 日当日复课了。14 日又经我解释政策及动员复课后,15 日复课者 12 校,16 日复课者 10 校,未能复课或已停办者则仅 4 校。学生人数原敌占时代全市共 17447 人,现在已复课之中心小学、市立小学共 13 处学校之人数 5934 人,35 个保小学 4322 人,13 个私立小学之人数 6975 人,共计全市小学现有学生 17231 人,仅比敌占时代相差 216 人。

7. 关于宣传机构——"文化服务社"方面

文化服务社是国民党的宣传机关,原有职工 25 名,主要分子跑掉后,未遭破坏,完整无损,剩下职工 8 名。接头后即召集他们开会,宣布了政策,工人的情绪很高,当经分工清理器材后,于 15 日整理了工厂的行政组织,确定了分工,又增加了机器工人 1 名,装订工人 2 名,就正式宣告复工了。现有员工共 27 名,内部分铅印组、排字组、石印组、装订组、会计采购、交际、推销等部分,组织已大致健全了。

总之,在这一个工作阶段中,已初步地树立了社会秩序,初步地解决了财经及金融商业的问题,同时我们的党也与群众接了头,当前我们唐山的接收工作,大体已告一段落。

## 七、接收接管的对象及重要物资

### 1. 工矿方面

除开滦矿务局、启新洋灰公司、华新纱厂、冀北电力公司、德胜瓷厂、制钢厂及铁路工厂(南厂)由工矿企业管理委员会负责外,工业局接管的对象如下:

(1)河保修械所(现名唐山铁工厂):分一、二两厂。第一厂现由工业局接管,有工人 76 名,立铣床机 11 架,卧铣床机 5 架,土刨机 4 架,车床 15 架及钻床 3 架;第二厂由公安局接收,有立铣床机 2 架,卧铣床机 1 架,车床 3 架,钻床 1 架。(现已与第一厂合并)

(2)省营光华造纸厂:分一、二两厂。第一厂遭受破坏严重,内有大型造纸机 2 架,已残破须待修理;第二厂现有员工 60 人(职员 14 人,工人 46 人),有造纸机 1 架,每日能出纸 1500 斤。

(3)黄各庄轧花厂:未受破坏,有轧花机 50 架,汽锅 1 个,电动机 1 个,计划与唐山轧花厂合并,恢复生产。

(4)唐山轧花厂:原为东太棉厂。有轧花机 16 架,遭受严重破坏,并抢走机器皮带,经长城银行贷款修整后,始于 20 日恢复生产,现职员 12 名,工人 30 名,每日能出穰花 3200 斤。

(5)棉产改进会唐山办事处:有农业药品一部。

(6)农林部唐山纯种圃:有地 635 亩,试验种子 10 余种。

(7)公路工务段:有木料及公路器材。

(8)公路唐山材料分库:有公路器材 1 部。

(9)公路唐山车场。

(10)新港唐山石场分区:有炸药 1 部,硫磺 400 斤,黑药 1 桶半,火硝 18 斤。

(11)华北水利唐山事务所:有测量仪器 1 部。

(12)农林部垦业办事处:无重要物资。

2. 宣传机构方面

除接收了唐山、工商两日报社,唐山广播电台以外,还接收了唐山文化服务社。文化服务社接收后,即于 14 日复工,现有工人 27 名,接收了下列机器:计 8 页印刷机 1 架,6 页印刷机 1 架,2 号脚登机 2 架,3 号石印机 2 架,2 号石印机 1 架,及其他印刷应之纸张、油墨、各种铅字、各种裁纸装订之器材等,均甚完备。

3. 教育方面

接管了唐山的中学:丰滦中学、唐山市立中学、唐山省立中学、培仁中学、淑德中学、遵化汇文中学(流亡唐山者)、晋仁中学(附青年训导班在内)等 7 校,尚有马家沟的开滦中学、林西新生中学及省立滦县师范(现已回滦县)等 3 校。接管了小学学校共 61 所,民教馆 1 个,图书馆 1 个(与民教馆在一起)。

4. 财政方面

原定接收敌人仓库 13 处,因均被敌人事先破坏,结果只接收了一个——八粮站的仓库,内有物资,仅麸子 15 万斤,杂粮 1726 袋。其他敌人储于各货栈及其他地主的食粮,计接收了小米 18 包、大米 130.5 包、小麦 28 包零 2000 斤、白面 67496 斤、高粱 109 包零 41968 斤、玉米 61 包零 852 斤、秫米 7384 斤,总计约合 258131 斤。

5. 银行方面

共接收中国银行、交通银行、河北银行、唐山市银行等 4 家银行及河北银行仓库、交通银行仓库等 4 个仓库。接收的物资,除家具外,有河北银行库存的大布 8 件及伪金圆券 50882 元。

6. 社会方面

除接收了伪市府社会科、民政科、地政科,尚接收了下列机构:

(1)市立医院:除旧院长赵世楠等 7 人携带院中现款、账簿及一部物资药品之清单逃走后,院中留有医生孙宜田及工友等 8 人看守,免被抢劫。院中设备、医药等可称完整,当我与护院人员接头后,经过解释动员,即于 15 日恢复了照常工作。

院中现有医生 7 人,护士 6 人,病床 20 余个。若病床够用可容纳病人 35 人。一般药品都齐备,据说若不添购,亦能支持四五个月之使。至于设备方面,除去没有电疗装置、显微镜等设备外,一般内科、外科应用医疗器械尚称齐备。

(2)蒋匪二二三兵站医院:内部物资设备全部被蒋匪转移或破坏,没有什么物资。

(3)救济院:除院长高风翥随敌逃跑,其余职员 8 人,院民 102 人,经讲明政策后,即恢复常态。院内逃亡地富分子之院民已清理完毕,尚有院民 40 人(小孩 27 人,老人 6 名,残疾 7 名,均为孤寡)。内部主要物资有红粮 79 袋,小米 13 袋,均备继续留用,此外尚有土布 39 匹及应用之被服家具等。

其内尚附属有生产设备,计织布机 3 个,织袜机 4 个,整经机 1 个,纺车 5 个,草绳机 1 个,草袋机 2 个,缝纫机 1 个,今后可留用以便组织院民生产。

7. 敌伪行政机关

接收了市府所属全部机关,伪河北高等法院第四分院、伪唐山地方院、唐山市监狱、地方法院看守所,及伪国税稽征局。

## 八、检讨及经验

1. 进城前必须从思想上、政策上、组织上、物质基础上做充分的入城准备。

入城前做好准备工作,是有秩序地进入城市,良好地遵守城市纪律及胜利完成任务的保障。在准备工作中,要加强入城干部的政策及纪律的教育,并使干部认识到入城不是一般的工作,而是一个战斗任务,应用非常时期吃苦耐劳、克服万难的思想来迎接它,如这次进城一般干部在这方面的表现,都是很好的。

入城的组织准备上应根据事先的详确的调查研究适当布置力量,周密地配备干部,对未经改造的知识分子,要慎重使用。尤其宣传、公安、财经等部门,更应配备坚强而熟练的干部,如这次宣传部使用之未经改造的知识分子,公安局、财政局使用了未做过公安及财经工作的干部,都使工作受了些影响。同时在组织上还应事先成立下列三种机构:

(1)接收敌伪产业调查管理委员会:负责调查及管理各种敌伪产业以便及时使用。如这次进城,很多机关部队没有适当的房子住,对全市所接收之房屋,又无调查了解,故当时很感困难。

(2)专门负责接收及整理档案的机构:负责迅速接收及整理档案,搜集材料以便开展工作。如这次公安局研究室,虽然大批档案被敌人焚毁或破坏,但其仍能由残余片纸只字中发现有价值的材料,而其他部门的档案,因无专人负责,不仅损失了一小部分,就是接收了的档案,亦不能将有价值的材料及时整理出来。

(3)专负组织动员战勤的机构:适合于新的收复城市具体情况的战勤负担办法,事先若不成立,进城后亦应迅速成立,不然过往部队的食宿及其他紧急动员,很难及时解决。如这次进唐山后,东北部队迅即源源而来,以致形成了战勤动员的一度混乱。

在物质的基础上,应充分准备食粮,并须将救济用粮及处理伪职员所必需之食粮估计在内,同时进城干部必须随身携带食粮,最好是熟粮,此外更须准备充足的货币,使进城后能迅速占领市场。如这次进唐,即因货币准备不足,而影响了商人的复业,掀起了白洋的流通,而扰乱了金融物价。

2.城市一经解放,应以战斗的精神,争取时间,迅速入城,并迅速占领阵地,积极展开工作,不得迟延怠惰,以便迅速镇压特务分子之扰乱,制止破坏及抢掠,始能达到保护。如这次敌人逃走后仅隔6小时,社会秩序即一度形成混乱。我们进入城市,敌特的公开破坏及时制止,社会秩序始告恢复。

3.进城后的初期,问题比较繁杂,工作比较混乱,领导干部不仅应坚决果断以身作则地及时处理及解决问题,并应抓住中心环节(如秩序问题,财经贸易问题)有重点地解决问题,切忌拖泥带水或陷入事务主义的泥坑里。

4.接收工作应适当利用伪职人员,借以发现蒋特的潜伏分子及更多的隐匿物资,同时应通过伪职人员,办理移交手续,以交代接收的方式,完成接收工作才是最妥善的办法。如这次法院、税局、电信局等机关,都是这样很有秩序地完成了接收工作的。

5.接收工作中应多召开各种会议,普遍宣传我们的政策,揭穿蒋匪的罪行,扩大人民对我们的信仰,以便确立我们的工作基础。如在这次三区的接收工作中,连续召开了保甲长座谈会、商业座谈会、教职员座谈会及工人市民等会议后,各种工作便初步地有了开展的条件。

6.加强调查研究工作,由文件和市民的反映中,搜集各种材料及证据,以便处理。

7.必须及时抓紧对失业工人及城市贫民的迅速救济,银行亦应适当发放贷款,组织与领导城市人民的生产。对伪职人员应集中管理,加以训练,对其家属则应给予救济。这是我们深入工作的中心环节。

1948 年 12 月

【选自《城市的接管与社会改造 唐山卷》】

# 长春市各区废保甲制相继建街政权①

　　长春市民主政府入城以来，在进行救济、恢复工作同时，更根据群众要求，积极着手废除蒋匪帮统治人民的枷锁——保甲制度，以便早日建立人民民主的革命政权。最初为了在混乱期中迅速开展工作，旧保甲长虽会继续留任，但随着工作的深入及人民觉悟的提高，已逐次对某些危害人民、贪赃枉法分子加以清洗，现在各区都已初步地废除了旧保甲制度，相继于 11 月中旬至 12 月上旬委派了代理街长，建立了新的政权。直到目前为止，计长春区建立了桃源、东天、东大桥、永长、新春、长通、新民、新立、东荣、东安、兴运 11 个街政权；头道沟区建立了东六条、东三条、东四条、汉口、西三条、广南、宁波、广西、厦门、松江、呼伦 11 个街政权；胜利区将原中正、东光两区合并建立了清明、北大经、南大经、北街、中街、南街、全安、文庙、至善、永吉、南岭、民康、自强、平治 14 个街政权；中华区将原钟华、安民两区合并建立了重庆、兴安、东朝阳、清和、白菊、海棠、北安、兴仁、康平、东永昌、西永昌、东桂林、西桂林、安民等 14 个街政权；宽城区建立了菜市、富丰、柏沟、胜利、柳影、宋家、合隆、民主、杨家、二道沟、孟家、团山、新生 13 个街政权，并建立了上台子、崔家营子、四问房、唐家营子、逯家沟子 5 个行政村。街下设组，亦有的区为工作便利街下设闾，闾下设组的，俟工作深入后，即将闾取消，做到区、街、组三级制。各街政府自正式办公以来，极受群众拥护，他们有什么事情，都要求街政府给解决，没事也常到街政府唠嗑，都认识到街政府是真正为人民服务的、人民自己的机关，和伪满的"町会"、国民党时期的"联保"完全两样。胜利区全安街的群众说："国民党的联保，除了要兵就是要粮、要税，把我们倾（坑）苦啦！现在的街政府才是给我们办事的机关。"现各区正大批培养干部，准备将来彻底改造旧政权。

　　　　　　　　　　　　　　　　　【选自 1948 年 12 月 24 日《长春解放》】

---

　　①　原文标题为《各区废保甲制相继建街政权》。

# 附录 2　首部介绍居民委员会的专著

## 《城市居民委员会工作》

作者屠基远(1921—1998),浙江绍兴人。1936 年前在绍兴会稽山中学读书。1937 年考入上海商务印书馆当学徒。1938 年考入上海政法学院新闻专科。翌年加入中国共产党。1941 年先后担任中共商务印书馆支部委员、中共上海工人运动委员会宣委会书记、上海工人报《简报》总编。1942 年后受党的指派,先后打入伪江苏省财政厅、昆山县赋税管理处、江苏省沪渔办事处工作。1944 年,担任华中局城工部敌占区工作委员会书记。抗战胜利后,1946 年打入上海卢湾区户政股任主任。1948 年初党指派到香港工作。1949 年回沪。先后在上海市民政局、市政府机关党委、市政府区政指导处任秘书主任、处长、副局长、党总支书记等职。1953 年起分别担任上海市华侨事务处处长,市民委副主任、党组副书记,市政协副秘书长。1980 年,任市民族事务委员会副主任。1982 年任市侨办副主任、党组成员。1985 年,离职休养。

1955 年,上海人民出版社出版的《城市居民委员会工作》一书,是我国最早介绍居民委员会工作的专著。

## 前　记

居民委员会工作随着人民民主专政制度的巩固和生产建设事业的发展,日益显示它的重要作用。为了使城市居民更广泛地参加国家事务和公共事业的管理,提高政治觉悟,使人民政府和居民群众的联系更加密切,人民民主专政更加巩固,使社会主义建设和社会主义改造事业顺利地进行,居民委员会的工作须加强。

上海人民出版社要我写一本关于居民委员会工作的小册子,给居民委员会的工作同志一些帮助。我是在上海市党政领导下办理居民委员会工作的干部之一,很愿意来做好这一工作。但由于我的理论水平低,平时工作不深入,了解的情况不多,对居民委员会工作同志所创造的经验又没有很好地研究和总结,所以写得不好,许多道理讲得不透彻。另外,我了解的只是一些上海的情况,由于时间匆促没有向党政领导和各地同志请教,书内对问题的看法,很可能有不够全面和错误的地方,因此,这本小册子中所讲的,只能给读者作参考。上海以外的读者更不能照样搬用。

在这里我有几点希望:第一,居民委员会工作上存在的问题很多,如关于工作制度和工作方法的问题,还没有得到妥善的解决,希望各地和上海的同志们能够提供解决这些问题的经验和办法;第二,居民委员会的工作同志最需要了解的东西,这里也许没有讲到或讲得不清楚,希望读者提出意见,以便以后补充;第三,书中的缺点和错误,希望读者指出来,以便再版时改正。

屠基远

1954 年 12 月 19 日

## 目　录

一、为什么要建立居民委员会

二、居民委员会的性质和任务

三、居民委员会的组织

四、居民委员会的工作人员

五、居民委员会的主要工作

六、居民委员会的工作方法

七、居民委员会同其他组织的关系

八、居民委员会的经费

九、居民委员会工作的指导问题

### 一、为什么要建立居民委员会

城市里地方国家机关的工作,主要是管理工商业经济以及政治、文化的建设工作。城市工作的领导,不是按地区来进行的,也就是说,城市是一个整体,城市工作不能在分割成为小块的地区上分散地进行,必须在集中的领导下来进行。所以,城市的地方政府的辖区,不像农村那样小,《中华人民共和国宪法》规定，在"直辖市和较大的市分为区"，区以下不再设地方政府；较小的城市，连区也不设。

这样，在城市里，一个区的人口数是不少的。像上海市，一个区人口最多的有 51 万（蓬莱区），最少的也有 11 万人（黄浦区）。其他城市中的区也有三四万人口。区一级政府通过各项工作，广泛地吸收人民群众参加国家事务和公共事业的管理。区一级国家机关主要是在市一级国家机关的统一领导下，管理本辖区内的经济、文化建设和政法工作；同各工厂、企业、学校、机关、团体等单位取得密切的联系，通过这些单位的组织，听取群众的意见，获得群众的协助，接受群众的监督，把城市工作管理好。

但在城市里，还有一部分居民是没有直接参加各种单位进行生产、工作或学习的。一般来说，在生产、工作、学习单位里参加了集体的组织生活的，占居民的 40％左右，其余 60％左右，主要是家庭妇女、老年人，没有固定工作岗位的人像摊贩、独立劳动者、临时工以及没有职业的人和没有求学的人。他们是没有组织的，他们的日常活动是分散的，因此政府不容易听到他们的意见，在进行工作中也不容易获得他们的协助和监督。他们经常的活动地点，是他们居住的地方，如里弄、大楼等，因此以里弄等为单位，把他们组织起来成立居民委员会，政府就可以通过居民委员会这个组织，听取他们的意见和要求，获得他们的协助和监督。同时，国家的政策法令，也可以像通过其他单位的组织一样，通过居民委员会，贯彻到居民群众去。

居住在城市的居民，只有少数人住在工厂、机关、学校里面，极大部分居民白天外出工作，晚上回到住所——里弄里，里弄可以说是城市居民的大家庭。在里弄里有着许多生活上的有关居民共同福利的问题。如管理公用水电表、搞卫生工作、调解居民之间的纠纷等。这些问题，不仅关系一般经常整天在里弄里的居民，而且关系到在生产、工作、学习岗位上早出晚归的居民。假如有一个工人，他所居住的里弄是乱七八糟的，那么他回到家里就不能得到很好的休息，他到工厂去不能以饱满的精神进行生产，这对社会主义建设显然是不利的。所以成立居民委员会，使居民组织起来，共同做好居住地区的共同生活福利工作，解决居民自己可能解决的问题，是非常必要的。

解放以后，人民的觉悟有了很大的提高，绝大多数人都要求进步，迫切地要求能受到社会主义的思想教育。自从进行了国家在过渡时期的总任务的宣传以后，里弄中社会主义和资本主义的思想斗争是剧烈的，因此组织居民委员会，通过文化宣传等工作，对居民进行教育，提高他们的政治觉悟，以扩大社会主义的思想阵地,是十分必要的。

里弄里可能有反革命分子潜伏着,难免有其他坏分子居住着,因此居民群众必须组织起来揭发反革命分子和各种违法活动,巩固社会治安和革命秩序,以保证城市生产建设的进行。

从上面所说的看起来,可以知道组织居民委员会,不论对国家机关来说,或对居民来说,都是非常必要的。居民委员会做好了居民工作,发挥了它的作用,就可以加强国家机关和群众的联系,进一步巩固人民民主专政,推进社会主义建设和社会主义改造事业。

### 二、居民委员会的性质和任务

要做好居民委员会的工作,首先应该把居民委员会的性质和任务搞清楚。

居民委员会是群众自治性的居民组织,它不是基层国家行政机关,更不是国家权力机关。有些人说:"在农村里,一个乡政府只管两三千人口,工作不很复杂;一个居民委员会也要管两三千人口,而且有些居民委员会还设有各种工作委员会,工作很复杂,这样,居民委员会不是同乡政府一样吗?"有些人甚至还认为城市居民委员会工作比农村工作多,居民委员会比乡政府还要大得多。在这种不正确的认识下,他们在进行工作的时候,就下命令,出布告,甚至派捐款,做居民委员会不应当做的工作。应该了解,居民委员会不是基层国家权力机关或行政机关,它仅是在共同居住的基础上组织起来的群众自治性的居民组织。

也有人问居民委员会是不是人民群众团体。它同一般群众团体不完全相同,因为一般群众团体,像工会、民主妇联、民主青联等,是同一阶层成员结成的组织,居民委员会虽然包括各阶层居民,但所做的工作不是关于居民全部生活的,而是做有关增进居民公共福利的工作。像工人在工厂做工,学生到学校里读书,居民委员会就不应该去管;但是工人、学生在居住的里弄里是否做好公共卫生工作等,居民委员会就应该管,就应该去帮助和发动他们共同来做好。

居民委员会之所以叫作群众自治性组织,是因为它是居民群众自己组织起来,自己管理自己的事情,互相帮助,共同来做好公共福利工作的组织。由于居民委员会是按照街道、里弄组织起来的,密切联系着居民,因此它对于城市基层政权的工作是起着积极支持的作用的。

这里举一些例子来说明。譬如居民委员会的社会救济工作,是协助政府了解救济对象的情况,进行评比,提出意见;不是居民要求救济非经居民委员会审查和批准不可。政府可以通过居民委员会了解需要救济的居民的情况,也可以直接了解。居民委员会的救济工作和调解、治安、保卫等工作都是协助性质的。但是过去在上海有些居民委员会的工作人员,由于不认识这一点,不认识居民委员会的性质,所以在工作中常犯错误。例如在调解工作中,有些居民委员会的调解委员会常阻止居民向人民法院起诉,认为"要打官司非经过我调解不可",而且还实行强迫调解,调人证、物证,坐堂问案;这样,调解委员会就变成了基层人民法院,这是错误的。又如在治安保卫工作中,有些居民委员会里负责治安保卫工作的人员,进行工作时常常越出居民委员会的职务范围,如带队捉赌,扣人,随便进入居民住所,等等。要防止这种混乱现象发生,或者要消除这种混乱现象,居民委员会的工作人员和一般居民,首先必须认识居民委员会的性质。

居民委员会的任务,主要是下面五方面:

(一)办理有关居民公共福利的事项。居民在居住生活上有许多共同的有关福利的问题。在这些问题中,有些是要政府解决的,不是居民委员会能够解决的,譬如建立医院,要求开辟电车路线,等等;有些是居民委员会可以解决的,譬如要组织一个读报组,要进行一次大扫除,等等。

公共福利工作,包括很广,这里要注意的是"公共"二字,所谓公共,不是指个人。有些人认为居民委员会既然做福利工作,我要这样那样,居民委员会都应该给我解决,否则不能算"为人民服务"。这是错误的想法。居民委员会主要是做对大家有好处的事的,对于个人的事,除政府规定的或居民委员会认为必须办的而且有能力办的以外,一般都不替个人办事,要居民委员会连个人的事情都负责办理,是不可能的。居民委员会协助政府做社会救济工作,虽然不是救济多数人,而是救济个别人,替个人解决问题,但这是在政府的指示之下进行的,是政府规定的工作。

(二)向当地人民委员会或者它的派出机关反映居民的意见和要求。居民委员会同居民每天接触,联系最密切。居民对于当地人民委员会和它的派出机关所推行的各项法律法令和所做的各项工作,对于国家机关工作人员的作风和工作方法有些什么意见和要求,居民委员会最了解,所以居民委员会把居民中的意见和要求及时地向当地人民委员会反映,让国家机关按照居民群众的意见和要求办事,把工作做好,这是一个很重要的任务。

对于居民的意见和要求,居民委员会可以进行研究和讨论,在居民的意见和要求中,有些问题是可以由居民委员会解决的,就加以解决;有些问题是一时不能解决的,可以向居民说明,但是仍需向当地人民委员会或者它的派出机关反映;反映居民的意见和要求时,可以提出居民委员会的看法。

(三)发动居民响应政府号召并遵守法律。政府所发出的各项号召和国家颁布的法律,都是为了社会主义建设,为了人民的幸福,同每一个居民的利益是息息相关的。政府的号召和国家的法律法令,在工厂、企业、机关、学校里,通过这些单位的行政组织或者工会组织来传达,组织学习和贯彻执行,在街道里弄,就要通过居民委员会来传达和贯彻执行。居民委员会必须经常地向居民进行宣传教育,发动居民积极响应政府号召,使广大居民都能遵守法律法令,为社会主义建设和改造服务。例如在上海,在棉布计划供应的命令颁布之后,有些居民委员会及时进行了宣传教育工作,使居民群众明白棉布计划供应这一措施对于社会主义建设和社会主义改造的重大关系,这样,居民就很少去排队买布。

在上海,这一方面工作,过去是做得不少的,因此居民的政治觉悟逐步得到提高,许多不出门的老太太,不识字的劳动妇女,不在生产工作岗位上的其他居民们,都能及时地懂得国家的大事,都能够紧密地团结在党和政府的周围,为城市的生产建设服务。

(四)领导群众性的治安保卫工作。在我们国家进行社会主义建设中,城市建设有了很大的发展。敌人为了阻挠我们社会主义建设,就极力要破坏我国城市和乡村的各种建设和社会秩序。残余的和漏网的反革命分子,一些坚决抗拒改造的不法资本家和一些拒绝改造的地痞流氓和盗匪,在城市里往往和敌人的特务相勾结,加紧他们的破坏活动。因此所有城市居民就必须配合公安机关,和各种犯罪活动进行斗争,以确保国家社会主义建设能够在完全安定的、有秩序的社会环境里顺利进行。

加强城市治安工作,是国家行政机关的任务,同时也是人民群众的任务。城市居民组织起来,进行群众性的防特、防匪、防盗、防灾等活动,积极支持和监督公安机关工作,才能更好地巩固社会治安和革命秩序,保证城市生产建设的顺利进行。所以居民委员会的任务之一是领导群众性的治安保卫工作。

居民委员会的工作人员必须注意所进行的治安保卫工作是"群众性"的。这就是说,居民委员会要组织居民做国家规定的人民可以进行的治安保卫工作,不可以行使国家行政机关的职权,否则就会产生违法的行为。譬如居民委员会不能够随便拘捕人犯;《中华人民共和国逮捕拘留条例》第一条中规定:

"任何公民,非经人民法院决定或者人民检察院批准,不受逮捕。"但是,居民委员会要教育工作人员和居民执行条例中第六条的规定;第六条的规定是:"对下列人犯,任何公民都可以立即扭送公安机关、人民检察院或者人民法院处理:一、正在实行犯罪或者在犯罪后即时被发觉的;二、通缉在案的;三、越狱逃跑的;四、正在被追捕的。"那么,居民委员会只能够进行国家规定的人民群众可以做的工作,为什么还要建立治安保卫组织呢? 这是因为组织起来便于同公安机关密切联系,接受指导,组织群众来更有效地进行工作。

(五)调解居民间的纠纷。在居民日常生活里,加强内部的团结,进行爱国守法的教育,是一个重要的工作。广大居民随着政治觉悟的提高,大多数能自觉地遵守国家的法律,居民之间的纠纷比起解放以前已经大大地减少;但由于日常生活在一起,居民之间的纠纷是难免的,因此居民委员会进行调解纠纷的工作是十分必要的,使一些纠纷能够得到及时的解决,减少居民为了依法起诉耗费的时间;而且通过调解工作,能够使居民熟悉法律,提高政治觉悟,加强守法观念,预防和减少纠纷和犯罪行为的发生,这对于生产建设也是有利的。

现在我们的国家已经进入了有计划地进行建设的时期,居民委员会的一切工作任务,都要为发展生产服务,为社会主义建设和改造的事业服务,换句话说,就是要为实现国家在过渡时期的总任务服务。居民委员会怎么能为生产服务,能为社会主义建设和改造的事业服务呢? 譬如居民委员会做好了里弄的清洁卫生工作,减少了疾病的发生和传染,增进了居民的健康,使职工减少病假缺勤,这就间接帮助了生产;又如居民委员会做好了治安保卫工作,使国家的人民民主政权更加巩固,这就协助政府做好了保障生产建设的工作;再如居民委员会做好了宣传教育工作,提高了居民的社会主义思想觉悟,使居民中资本家、手工业者等的家属,能够帮助资本家和手工业者接受国家对资本主义商业和对个体手工业的改造,这就对社会主义改造的事业有了贡献。居民委员会的工作,必须为发展生产,为社会主义建设和改造的事业服务才有积极的意义。

## 三、居民委员会的组织

居民委员会的组织,以便于联系居民和进行工作,不使居民委员会的工作负担过重为原则。这里把居民委员会的辖区、组织分工和产生办法等三个主要问题,分别说明在下面:

### (一)居民委员会的辖区

居民委员会的辖区不宜过大。居民委员会是群众自治性的居民组织,它的主要工作是要靠联系居民群众来做好的。居民委员会的工作人员都不是专职的,在他们中间,劳动妇女,都有自己的家务;有职业的人,白天都有自己的工作;他们做居民工作都是尽义务的。如果居民委员会的辖区过大,联系群众就不方便。例如上海市在1953年结合劳动就业登记工作整理居民委员会时,把原来辖区小的居民委员会合并,成立辖区大的居民委员会,这样就使居民委员会的工作人员在工作上碰到了很多困难。像上海长宁区中西段街道居民委员会的辖区,东西有两里多长,居民委员会发一个通知要发半天,因此许多居民委员会不愿意搞工作。而且地区大了,人口就多了,居民之间互相不了解,他们的要求和意见很难一致,居民委员会的工作人员办事情就难了。

也有人喜欢扩大居民委员会的辖区的。对街道办事处来说,居民委员会的辖区划大了,居民委员会就少了,领导起来方便些。这在形式上是这样,在实际上并不是这样。居民委员会的辖区划大了,居民委员会就会脱离群众,街道办事处反而不方便。有些居民委员会的工作人员认为管辖的地区大一些,表示权力大一点,这尤其不是实事求是的想法。

居民委员会的辖区究竟应该怎样来确定呢?

1.确定居民委员会辖区的一般标准是:一个居民委员会的辖区包括1个或者2个公安户籍段;包括100户到600户居民,约有500人到3000人。

2.居民委员会的辖区要根据居住的自然条件像里、弄、大楼、街道等来确定。根据自然条件来确定辖区的道理是:在同一个里弄里,建筑相同,居民在福利方面的要求也大体相同,居民委员会进行工作就比较便利。因此大的里弄可以单独组织一个居民委员会,几个小里弄可以合并组织一个居民委员会。一个大的里弄,居住条件相同,如果分别成立两个或两个以上的居民委员会,有时反而没有好处。像上海长宁区金家巷是一个棚户区,有7000人,1953年初,它被划分为3个单位,分别成立了3个居民委员会,其中两个居民委员会是和附近的里弄合并组成的,这样就把它这一个自然单位打乱了,居民非常不满意。但是在一个大里弄里,如果住宅建筑和居民生活情况并不相同,人口太多,领导不便,分开建立没有妨碍的话,那么一个大里弄也可以成立两个或两个以上的居民委员会。

3.要照顾到不同里弄的社会情况,不同阶层的分布情况。因为居住条件有好坏，居民的情况不同，居民的要求也就不同。在棚户区或住宅建设比较差的里弄，居民要求搞消防工作；在住宅建筑比较好的里弄里，居民认为防火工作完全不必要。在多数居民的文化程度比较低的地区，他们要求学文化，大多数居民的文化程度比较高的地区，他们要求组织理论学习和专门问题的研究。像有一个居民委员会，它的辖区包括棚户区和住宅建筑很讲究的里弄，这就给它的工作增加了不少困难。

4. 要根据居民自愿。确定辖区时要和居民商量讨论，因为这是一个居民自己的组织，它的辖区要根据大多数居民的意见来决定。要小里弄跟其他里弄合并成立居民委员会时，必须打通居民的思想。1952 年时，上海长宁区有一个居民委员会，只有 56 个居民，这种组织是太小了，应该同其他里弄的居民委员会合并。在合并的时候，要同其他里弄的居民很好地商量，使能发挥互相团结友爱的精神，来做好工作。

（二）居民委员会的组织分工

关于居民委员会的组织，根据上海市的工作经验，组织应该简化，层次少，工作人员应该尽可能避免兼职。

居民委员会是一个群众组织，不能把组织搞得太庞大，太复杂，组织重叠，分工不明，关系不清楚。例如过去上海虹口区鲁关路的庆益寿里居民委员会，有大小委员 64 人，干事 41 人，工作队员 221 人，小组长 97 人。居民委员会下分 5 个工作委员会，各工作委员会下又分设几个工作组。像文教委员会下设文体组（下面又设有越剧组、篮球队）、教育组（下面又有读报辅导研究组、识字班）、宣传组（下面又有墙报、黑板报、大字报、图片资料等）；卫生委员会下设环境卫生检查组、妇幼保健组、室内检查组、儿童捕蝇队，另外还成立了爱国卫生工作队、救护队。这样就把工作系统弄得很复杂。对于同一个工作，设立几个组织和好几种人员，例如在卫生工作方面，有卫生委员、卫生干事，又有卫生工作队、救护队、卫生小组，使工作人员关系混乱，会也召集不起来。居民说："究竟谁管谁，做什么，都弄不明白。"结果大家不管，组织成为空架子。

组织的层次一多，工作就不能深入，会使居民委员会变成高高在上的官僚主义者，同时会使工作人员感到苦闷，不知道工作怎么个做法。兼职多的工作人员，不能专心工作，也没有充分的时间工作，因此往往做不好工作。

居民委员会的组织分工，主要采取下面的办法：

居民委员会设委员 7 人到 17 人，由居民小组各选 1 人组成，居民委员会委员少些,便于集体领导,可以随时开会来决定问题。过去上海有些居民委员会有 20 多个委员,因此会老是开不起来,开起来也因为人太多而不能很好地讨论问题,结果是主任包办代替。

居民委员会互相推选正主任 1 人,副主任 1 人到 3 人,副主任中,应当有一人专管妇女工作。在上海,居民委员会副主任之一,是由妇女代表会议的主任兼任,这样更便于发动妇女来参加居民工作,使居民委员会在讨论工作的时候能更加注意到有关妇女利益的问题。即使居民委员会主任是妇女,因为她是为全体居民工作的,所以还是要有一个妇女代表会议的主任来兼任副主任。

居民委员会的基层组织是居民小组。居民小组一般由 15 户到 40 户居民组成。每个居民委员会所设的小组最多不得超过 17 个。每个居民小组组长一般应当由小组选出的居民委员兼任,必要的时候,可以选举副组长 1 人到 2 人。居民委员会委员被推为主任或副主任的时候,选举他的小组可以另选小组长 1 人。小组长的任务是:召开居民小组会,发动居民参加居民工作;反映居民的意见和要求;等等。副组长协助组长进行工作,同组长分工参加必要的会议和代理组长的工作。

在居民委员会下面,除法令另有规定外,一般不设各种工作委员会,人口特别多的居民委员会,可以根据工作的需要,经过市人民委员会批准后,设立常设的或者临时的工作委员会。常设的工作委员会,可以按照社会福利(包括优抚)、治安保卫、文教卫生、调解、妇女等项工作设立,最多不能超过 5 个。临时的工作委员会,应当在工作结束时就撤销。

在上海,妇女代表会议的委员会兼行居民委员会中妇女工作委员会的职务,所以没有妇女工作委员会。工作委员会应当吸收居民中的积极分子参加。哪几个工作委员会的工作应当加强,要看里弄的情况来决定。在劳动人民集中居住的、居民的居住和生活条件比较差的里弄,社会福利委员会的工作(办理救济、管理集体电表和给水站等)比较重,治安保卫委员会要办理消防工作;在居民的居住和生活条件比较好的里弄,社会福利委员会的工作比较轻些,文教卫生委员会的卫生工作比较少,文教卫生委员会中的文教工作应该加强。所以,根据不同的里弄情况,居民委员会的工作机构应该有重点地加强。但各工作委员会下面不再分设各种组织,以免层次太多。人口比较少的居民委员会,可以由居民委员会委员分工来办理各项工作。有些重点工作,可以由居民委员会聘请几个干事,在委员领导下成立工作组来办理。但调解委员会和治安保卫委员会还是要设立的。

居民委员会工作机构不要太大,以便居民委员会发挥集体领导的作用,并使居民小组能很好地联系居民来做好工作。过去上海有些里弄的各个工作委员会的组织很庞大,结果所有工作都由工作委员会包办,上面居民委员会变成空架子,不能统一地管理,工作委员会各干各的,下面居民小组不能发挥作用,小组长没有事情做;工作不依靠群众来办,就不能持久,过一阵子,工作就渐渐地垮下来了,这一点应引起注意。

(三)居民委员会的产生办法

居民委员会每年改选一次。居民委员会的产生办法,要依据两条原则:

一是发扬民主。要使居民能充分地运用自己的民主权利,选举自己满意的和认为必要的人来担任工作。现在居民的认识一般提高了,为居民办事的人也在群众工作中经过了锻炼,群众是有眼光来鉴别谁是为居民办好事的人。所以居民委员会的产生办法一定要贯彻发扬民主的原则,反对少数人包办代替。

二是便利群众。居民委员会的产生办法不要太复杂,不要很麻烦。办法要切合实际,使居民觉得既民主,又好办。

在居民委员会的产生办法上首先碰到的问题是选举权和被选举权的问题。这要根据《中华人民共和国宪法》第八十六条的精神来办理:"中华人民共和国年满 18 周岁的公民,不分民族、种族、性别、职业、社会出身、宗教信仰、教育程度、财产状况、居住期限,都有选举权和被选举权。但是有精神病的人和依照法律被剥夺选举权和被选举权的人除外。妇女有同男子平等的选举权和被选举权。"

在居民当中有被管制分子和其他被剥夺政治权利的分子。他们应当编到居民小组里去,但是没有选举权和被选举权,不能够担任居民委员、小组长和各工作委员会委员或工作组干事等职务。必要的时候,小组长可以停止他们参加居民小组的某些会议。

在上海有些里弄里,还有不到 18 周岁的居民参加居民工作。聘任他们做干事或者委托他们做一些事情是可以的,但不宜选举他们担任各种领导工作。

居民委员会工作人员的兼职,不宜过多。要尽可能做到一人一职。居民委员会正主任是负责领导全部居民工作的人员,不要再兼下面的职务。减少兼职,既便于工作人员集中精力进行工作,又可以多吸收一些居民来参加工作。

### 四、居民委员会的工作人员

城市里组织了居民委员会之后,有不少人参加了居民工作。根据上海市1953年的统计,居民委员会委员和工作委员会委员有95000人,如果加上居民小组长,共有15万人以上,占市区人口的3%。也就是说在市区100个人中间就有3个人参加居民工作。

从上海调查的材料来看,参加居民工作的人员,主要有下列三类:

第一类是家属,约占工作人员总人数的36%;其中主要的是职工家属,约占工作人员总人数的31%。他们整天生活在里弄里,同居民工作的关系最密切。

第二类是摊贩、独立劳动者、失业人员以及其他人员,约占工作人员总人数的34%。他们是经常在里弄里活动的。

第三类是工人、职员、机关工作者、教员、学生等,约占工作人员总人数的25%。他们主要是在生产、工作、学习单位参加活动的。

此外,工商业资本家占5%。

从以上的材料中,我们可以看出,上海居民委员会工作人员中职工家属占了很大的比重。

《中华人民共和国宪法》第一条规定:"中华人民共和国是工人阶级领导的、以工农联盟为基础的人民民主国家。"长期的历史事实已经证明,我国人民只有依靠工人阶级的领导,才能从帝国主义、封建主义和官僚资本主义的压迫下得到解放;解放五年来的事实也已经充分证明了工人阶级领导国家的才能。所以我们必须在工人阶级的领导下,逐步实现国家的社会主义工业化,逐步实现国家对农业、手工业与资本主义工商业的社会主义改造。刘少奇同志说:"我们的社会主义建设和社会主义改造的事业,离开工人阶级对于国家的领导,是不能设想的。"在城市居民委员会的工作中也必须确保工人阶级的领导。

但确保工人阶级在居民工作中的领导作用,并不等于要在业职工直接参加居民工作。因为职工的任务是在生产购销岗位上积极工作,搞好生产,他们工作是很紧张的,不可能有很多的时间来做居民工作,如果要他们抽出很多时间来搞居民工作,势必会影响生产。上海在1952年到1953年整理居民委员会组织时,就产生了吸收在职在学人员为居民委员会的骨干的现象,结果有30%左右的工作人员不能经常地起作用。

确保工人阶级在居民工作中的领导作用,主要是吸收职工家属包括工人、职员、国家机关工作人员、文教科技工作人员的家属来参加工作,以职工家属为居民委员会的领导骨干。职工家属同工人、职员、国家机关工作人员生活在一起,经常受到他们的影响和教育,职工家属是能够站在工人阶级的立场,代表工人阶级的利益的。因此,以职工家属为居民委员会的领导骨干是确保工人阶级在居民工作中的领导作用,是居民工作切实为生产建设服务的基本保证。住所和工作地点都在同一个居民委员会辖区内的、有时间可以分担一部分居民工作的职工,可以根据情况吸收他们来参加居民工作,但要照顾他们的生产和工作。

在城市里,除职工家属外,还有个体手工业者和其他非农业的个体劳动者。他们经常在里弄活动,把居民委员会作为自我教育的组织。居民委员会应团结他们,吸收他们参加工作,发挥他们的作用。团结个体手工业者和其他非农业的个体劳动者也是属于工农联盟的范畴之内的。

居民委员会要根据居民的情况,团结各阶层居民来参加工作。各阶层的居民在居民委员会中要有他们地位相当的代表,这样才能使居民委员会广泛地代表居民的利益。在少数民族散居的地区,尤其要注意吸收少数民族的居民参加工作,在少数民族居民比较集中的地区还应该单独建立居民委员会或者居民小组。这样才能贯彻人民民主统一战线政策。

青年学生,一般不要吸收他们参加工作,以免妨碍他们的学业。

上海市居民工作的经验证明,妇女是居民委员会工作中的重要力量。根据上海市 1953 年的统计,上海居民委员会工作人员中妇女占了 37.3%;1954年在 573 个居民委员会进行了改选之后,妇女占居民委员会工作人员的半数,这是正常的现象。

居民委员会就是要依靠妇女,尤其是职工家属和劳动妇女来进行工作。完全或者主要依靠男居民来进行工作的居民委员会,工作往往搞不好。男居民大多在外面从事生产或工作,往往没有时间来做居民工作;有的是失业人员,一有工作就要走。而且居民委员会的工作对象主要是妇女,男工作人员进行工作时往往不能体会妇女的困难,不善于联系妇女群众。要使居民工作经常化,要使居民工作深入,一定要有妇女来参加工作。

当然,居民委员会工作人员中,男居民还是要有的,如果没有男居民参加,居民工作同样不能做好。这里的意思是要多培养妇女干部,多依靠妇女来进行工作。

在住宅建筑比较好的地区,资本家、高级职员和文教科技人员等比较集中。这些地区的居民委员会,同样要依靠家属来进行工作。

居民委员会的工作人员应该具备些什么条件? 工作态度应该怎样? 这也是居民委员会组织工作上的重要问题,现在分别说明如下:

(一)工作人员的条件

在选举居民委员会工作人员的时候,要很好地考虑工作人员的条件。

有些人说:"劳动妇女没有文化,不能当干部,因为干部要看文件、写报告、算账,没有文化是不行的。"这种看法是不对的。目前在劳动妇女当中,有文化的还是少数,如果居民工作人员非有文化不可,那么劳动妇女就不能参加居民工作了。其实只要有认识,能为群众办事,没有文化的人同样可以把工作做好。也有人说:"妇女家务重,不能搞工作。"这种看法也是不对的。家务忙的妇女只要把时间安排好,还是可以做好工作的。如果居民工作人员连有家务都不行,那么只好请吃了饭没有事做的人来干了。有些居民委员会就是因为有了这样的想法,所以给流氓和其他一些游手好闲的人钻了空子。

居民委员会工作人员必须是年满18周岁有选举权和被选举权的中华人民共和国公民,至于他们的具体条件,可以从下面四方面来考虑:

第一,历史清楚。居民委员会是为广大居民办事的机构,居民委员会的工作人员中不允许有残余的反革命分子存在。所以,它的工作人员的历史必须清楚,他们的来龙去脉,大家都要有数;被管制分子和其他被剥夺政治权利的分子,都不能担任居民委员会的工作。至于现在做居民工作的人,如果历史上有问题,都要向政府忠诚地交代清楚,以保证居民委员会组织的纯洁。居民必须提高政治警惕性,防止坏分子混入组织,进行破坏活动。

第二,办事认真负责。居民委员会的工作人员必须是这样的:在工作中,能积极带头,对居民所托付的事情能勤勤恳恳地去做,对于居民之间发生的纠纷能够公正处理。只有能够认真负责地为居民办事的人,才能把居民委员会的工作做好。飘飘荡荡、玩滑头、耍花样、只会出风头、做事不负责的人,或者是专为个人利益和名誉打算,甚至借居民委员会工作的名义,招摇撞骗,乱搞一通的人,居民委员会的工作是不能委托这些人来办的,因为他们只会把工作搞坏。

第三,能联系群众。居民委员会的工作都要密切联系居民来进行,居民委员会的工作人员当然不能是骑在群众头上的老爷。也有些人事情能做一点,但不懂得依靠群众,只会自己干,不会听取群众的意见,不深入了解居民的情况,自说自话,自作主张,这种人也一定会把好事办坏。居民委员会的工作人员要经常能同居民在一起,了解居民的意见和要求,善于组织居民共同来做好工作。只有这样的人,才能把居民委员会的事情办好。

第四,遵守国家的法律、法令。居民委员会的工作人员必须是拥护宪法、遵守宪法,对于国家的各项法律、法令是严格遵守的。因为居民委员会的任务之一是发动居民响应政府的号召,协助政府推行政策法令。居民委员会的工作人员必须是遵守国家法律法令的模范,若一些经常违法的人来担任居民委员会的领导工作,居民委员会便不能完成上面所说的任务。居民委员会是要这样的工作人员:国家搞计划供应,他就所向拥护,而不是去破坏;如果遇到残余的反革命分子,他就去检举,而不是加以包庇;如果他是一个摊贩,就必须是爱国守法的,而不是经营作风恶劣和偷漏国税的人。

这些条件,是居民在选举和鉴别工作人员时必须考虑到的。要在居民中间挑选完全具备这些条件的人自然是有困难的,人总是有缺点的,十全十美的人是没有的。在这四个条件中,历史清楚和遵守国家的法律、法令是最重要的条件,是每个居民委员会工作人员必须具备的。有些人虽然在工作作风上有些缺点,但只要他们能够承认自己的缺点,并有决心加以改正,那么还是可以把工作搞好的。几年来,居民在党和政府的培养和教育下,政治觉悟和认识水平都有了提高,居民委员会的工作人员一般都经过了一定的工作锻炼,在每一个居民委员会里,都有很多积极分子,只要根据上面的条件认真地来选择,是能够选出合适的居民工作人员来的。

(二)工作人员应有的态度

作为一个居民委员会的工作人员,应该以正确的态度来对待自己的工作。

有些居民委员会工作人员存在看不起居民工作的思想,认为:"尽做些婆婆妈妈的事情,工作吃力不讨好,也看不出工作的成绩,做好了不能当模范,做坏了经常吃批评。"因此就消极灰心。这种想法是不对的。

居民委员会的工作人员首先要有对居民负责的态度。工作人员要明确认识做好居民委员会工作的重要性,也就是说,要知道居民委员会的工作人员是光荣的,他的责任是重大的。

前面已经谈到,居民委员会要对居民进行社会主义教育,提高他们的政治觉悟,使他们积极地来支援国家的社会主义建设和社会主义改造的事业;要组织居民协助政府做好防奸、防谍、防火、防盗和监督管制分子等工作,以巩固社会治安；要办公共福利事业，为居民服务；等等。这些工作同城市的生产建设和每一个居民的切身利益都是有很大的关系的，居民委员会工作人员受了居民的委托，来负责办理这样重要的工作，这是很光荣的。

居民委员会工作人员的责任是很重大的。因为居民委员会工作如果做得不好，居民的利益就会受到损害，城市的生产建设事业也会直接或间接地受到影响。譬如调解纠纷，如果粗枝大叶，没有按国家的法律、法令来调解，也没有对当事人进行守法的教育，那就会使得邻居不和，夫妻关系不好，甚至会造成人命案件；宣传工作做得不好，居民不懂得国家的法律、法令，就容易犯错误；有许多对人民有益的好事情，如果讲得不明白，居民也会有顾虑；公共福利事业办得不得当，会浪费国家和人民的资财。所以，居民委员会工作人员要以高度负责的态度来对待工作。

居民委员会的工作人员要有虚心学习的态度。居民委员会的工作人员是从居民群众中挑选出来的，其中大多数既没有参加过国家机关的工作，也没有受过专门的业务训练，工作经验自然是不够丰富的，工作办法也是比较缺乏的。有些工作人员虽然做了好几年居民工作，摸到了一些门路，但工作中还是会碰到不少问题的。而且随着整个国家的社会主义建设事业的日益发展，居民工作也会产生许多新的问题。因此，居民委员会工作人员要知道自己不了解的东西还是很多的，要看到自己工作中存在的缺点；一定要很好地学习国家的法律、法令，学习其他居民工作人员的长处，要虚心向广大的居民群众请教。只有这样，才能不断地增进自己的知识，才能学得一些基本的道理，并在工作中摸索出一些为居民所满意的工作方法来。

居民都希望工作人员能很好地倾听居民的意见，把工作办好，因此会对工作提出一些批评。居民委员会的工作人员必须持毛主席所指示的"有则改之，无则加勉"的态度，虚心接受居民的批评。这是居民对于工作人员的基本要求。闹情绪、闹意见，都不是对全体居民的利益负责的态度，相反地，这正说明了自己不能在居民群众的监督下做好工作。而且如果能接受批评，那么居民群众就愿意同我们接近；如果有骄傲自满情绪，看不起群众，有了错误或缺点也不检讨，给群众做工作有"恩赐"观点，那么群众同我们的关系就会疏远起来，我们就一定会脱离群众。大家知道，一个居民委员会的工作人员如果脱离群众，那是不可能把工作做好的。

居民委员会工作人员尤其要注意的是，言论和行动要一致。凡是光会说不会做，或者光叫别人去做而自己不做的人，在居民中就没有威信。这样的人自然也不可能把工作做好。

几年来的居民工作证明,居民委员会是有着不少模范工作人员的。他们勤勤恳恳地为居民工作,带动居民群众参加各项政治运动,因此获得了广大居民的拥护。他们不要求表扬,而居民群众在表扬他们。

居民委员会工作人员只要能听从毛主席的教导,勤勤恳恳、老老实实地工作,防止虚夸和骄傲,就一定能把居民工作做好。

## 五、居民委员会的主要工作

由于各街道里弄的情况不同,各居民委员会的工作有不同的重点。在这里,只能一般地说一说几件主要工作的内容。

（一）福利工作

居民委员会的福利工作是:解决居民自己能够解决的居住生活上的公共福利问题,发挥居民的互助力量,以改善居民的居住环境;协助政府做好优抚、救济等工作。

在福利工作方面的具体工作一般有下面一些:

1.协助政府向居民进行爱护公共财物的教育,组织居民保护公共设备。根据需要和可能添置里弄中的公共设备。解决居民自己能够解决的公共福利问题。譬如里弄中有的道路不平,需要修筑,阴沟不通,需要疏浚,有小水浜小水潭,需要填平,这些问题都是居民自己能够解决的,居民委员会可以设法解决。如果发现居民有破坏公共设备的行为,如私接电线、阻塞阴沟、私掘公共道路等,应当根据他所犯错误的情节的轻重,或对他进行教育,或请有关机关处理。

在有些城市里,尤其是在上海,不少里弄是共同使用水表、电表的,有些里弄还装着公共给水站。因此居民便有共同管理水电设备、集体缴纳水电费等要求,在这样的里弄里,组织居民管理里弄中的水电设备,为居民办理缴纳水电费的手续,就成为居民委员会的重要工作之一。

2.协助政府向失业人员进行劳动就业的宣传教育,向政府反映他们的情况,协助做好救济和职业介绍工作。协助政府进行救济贫苦居民和组织他们生产自救的工作,并可对这些工作提出初步的处理意见,以代政府参考。

3.协助政府宣传优抚政策,组织居民做好拥军优属工作。经常了解烈军属、革命残废军人和复员转业军人的情况,并把他们的情况反映给政府。在政府的统一布置下,进行拥军优属的各种活动,鼓励烈军属等积极地参加各项工作,努力学习,以提高他们的政治觉悟。

4.负责居民委员会经费的收支、保管,办理居民委员会的总务工作。

居民委员会的主要工作是福利工作。在上海,居民委员会下面设福利工作委员会来主要负责这方面的工作。由于福利工作比较繁重,还可以根据里弄的具体情况在福利工作委员会下面设专人来办理一些具体工作,像组织水电管理、掌管房屋修理、领导生产自救组织等。有些工作,像修路、通沟捞浜、处理危险房屋、防汛防台等,如果有必要的话也可以临时成立组织或者指定专人来办理,成立的组织在工作完毕后撤销。这些工作由专门的组织或专人来办理,不是说全部工作由他们来包做,他们不过是负责研究、计划、同有关机关联系等工作,至于具体工作一定要通过居民小组发动居民来做,只有这样,才能把工作做好。

福利工作范围很广,居民委员会在办理福利工作时,要注意广大居民的需要,要考虑:一桩工作做了对于居民是不是有利? 本里弄的力量是不是能办到? 不要不根据本里弄的需要而跟着别人做,或者是有些居民提出来了不经过研究就做。需要做的工作是很多的,居民委员会靠本身的力量绝不可能把大大小小的各种福利工作都做好,因此就应该以实事求是的精神,分轻重缓急,一桩一桩地做,不要"好大喜功",否则就一样也做不好。居民委员会工作人员对这一点要有明确的认识,同时,也要对居民讲清楚。我们应当集中力量来做好几桩为居民所迫切需要做而且居民委员会也有能力做的事。只有这样,才对居民有利。

在进行福利工作的时候,要注意同有关机关像民政、建设(工务、公用)、劳动、房地产等机关联系,向它们反映居民的意见和要求,并在它们的指示和指导下进行工作。

(二)文化教育工作

居民委员会的文化教育工作是:根据国家的法律法令和各项运动、中心工作的要求,对居民进行宣传教育,以提高居民的社会主义思想觉悟和对各项运动、工作的认识;在必要而且可能的时候,对居民进行文化识字教育,组织居民参加正当的文娱体育活动。

文化教育方面的具体工作,一般有下面几件:

1.向居民进行关于国家的法律、法令和各项中心工作、政治社会运动的宣传教育工作。国家公布了居民都应当知道的法律、法令,要及时地向居民进行宣传,使居民能够在居民委员会的帮助下了解各项法律、法令的内容,使大家都能很好地遵守国家的法律、法令。在展开一个运动或布置一项中心工作时,也要向居民讲清楚这个运动或工作的目的、要求和方针,以及关于这个运动或工作的政策,发动居民积极地起来响应。文化教育工作可以采取组织报告会、座谈会等方式来进行,或结合日常工作来贯彻。

2.向居民进行时事的宣传教育,使居民了解国际和国内的重大事件。时事的宣传也要根据居民的文化程度,采用及时的方式来进行,如果居民中识字的比较多,可以组织读报小组,或办黑板报、大字报,根据报纸和杂志上的消息和文章用通俗的文字来进行宣传;如居民中识字的不多,可以按期组织报告会,用通俗的语言向居民讲述国内外的大事。

3.组织居民进行有教育意义的文化教育活动。像组织居民参观各种展示会,集体看电影,参观图片展览,等等。

此外,在必要和可能的条件下,还可以进行以下一些工作:

1.如居民需要,而且有条件(如有老师、有上课的地方),可以举办识字班,组织没有升学的学生成立自学小组和其他各种学习小组等。

2.居民文化水平比较高的地区,如果居民要求,可以设立图书室,图书可由居民自愿捐助或者借给图书馆用。

3.正当的公共文娱体育活动,要根据居民的要求来组织。不要组织规模大的剧团、球队等,因为这会浪费居民的钱财,在里弄里排戏会破坏安静,妨碍居民作息。

文化教育工作的思想性、政策性很强,同居民的关系很大,做得不好,会造成不良的影响,所以必须在党、政有关部门的指导下来进行。负责文化教育工作的人员自己要很好地学习法律、法令,并且要经常推动居民委员会的其他工作人员也进行学习,使其他工作人员也成为文化教育工作的骨干,只有这样,文化教育工作才能做好。

(三)卫生工作

居民委员会的卫生工作是:向居民进行卫生常识的教育,组织居民做好居住生活上的清洁卫生工作,协助政府做好经常性的防疫、保健等工作,以丰富居民的卫生常识,增进居民的健康。

卫生方面的具体工作,一般有下列几方面:

1.向居民进行公共卫生常识的宣传教育,做好公共卫生工作。组织居民做好环境卫生工作,定期举行清洁大扫除,扑灭害虫、老鼠。协助卫生部门做好预防接种等群众性的卫生工作。根据需要和可能修建里弄中公共卫生设备,如里弄中的垃圾箱、小便池、厕所等。有的里弄公共卫生设备设置的地点不妥,居民有意见,也可以设法解决。

2.居民发生意外伤害时,应发扬居民间的团结互助精神,进行急救。如居民发生的是一些轻微的伤害,像小孩子跌跤、皮肤擦伤等,居民委员会如果自己备有简单的药品,就可以自己医疗;如是比较重大的意外伤害或疾病,就应设法通知卫生部门来进行急救。发现居民患有急性传染病时,要及时报请区卫生部门来处理,并督促、动员生病的人去住院,协助病人家属进行消毒和对居民进行卫生宣传等工作。

3.同妇女组织密切配合,做好妇幼保健的宣传推广工作。经常了解里弄中孕妇和婴幼儿的情况,进行新法接生、无痛分娩法、婴儿保健等的宣传教育工作。根据可能,帮助产妇解决家务困难。协助卫生部门进行婴儿卡介苗接种、种痘等工作。

4.协助政府教育居民做好出生、死亡报告。

5.居民委员会自己不能解决的有关公共卫生的问题,以及居民对政府卫生工作方面的意见,要及时反映给区卫生部门。

居民委员会如条件许可,可以备一些简单的药品,像红药水、橡皮膏、纱布等,但要注意不要乱设置医药设备。如果里弄中有医生愿意为居民做些工作,应当欢迎;如果已经有了托儿站,要把它搞好。

居民委员会的卫生工作人员还应根据区卫生部门的规定参加各项卫生常识的学习和卫生工作业务的训练,像环境卫生常识讲座,饮食卫生常识讲座,个人卫生常识讲座,以及防空救护训练等,以增进自己的卫生常识。此外,还须学习一些必要的急救技术。

(四)治安保卫工作

治安保卫委员会的工作任务是:发动群众协助人民政府防奸、防谍、防盗、防火,肃清反革命活动,以保卫国家和公众治安。

治安保卫委员会的具体任务,根据中央人民政府政务院公安部公布的《治安保卫委员会暂行组织条例》的规定,有以下四项:

1.密切联系群众,对群众经常进行防奸、防谍、防盗、防火与镇压反革命活动的宣传教育，以提高群众的政治警惕性。

2.组织与领导群众协助政府、公安机关检举、监督和管制反革命分子，以严防反革命破坏活动。

3.组织与领导群众协助政府、公安机关对反革命家属进行教育和思想改造工作，争取他们拥护政府的政策措施。

4.发动群众共同制订防奸的爱国公约，并组织群众认真执行，以维护社会治安。

此外，根据里弄的需要，治安保卫委员会还可以向群众宣传防火常识，检查煤炉、烟囱、电线及一切存放易燃物品的场所，如发现有不妥善的地方，须劝导居民加以改善。如果条件许可，可以购置一些简单的消防器材。遇有火警，一面要迅速报告消防部门，一面要组织群众救火、救人，并协助消防部门维持火场秩序，防止坏分子乘机捣乱。

教育居民协助公安派出所做好户口工作，向居民宣传户口管理规则，以消灭漏户漏口，这也是治安保卫委员会重要的日常工作之一。注意形迹可疑来历不明的人，随时报告公安派出所，以防坏分子隐匿。

治安保卫委员会在进行工作时，要明确自己的职权范围。治安保卫委员会也是群众性的治安保卫组织，不能代行行政机关的职权。根据《治安保卫委员会暂行组织条例》的规定，它的职权是：

1.对现行的反革命分子与通缉在逃的罪犯，有捕送政府、公安机关之责；但无审讯、关押、处理之权。

2.对非现行的反革命分子，有调查、监视、检举、报告之责；但无逮捕、扣押、搜查、取缔之权。

3.对社会治安与管制工作，有教育群众维护革命秩序，监督被管制者劳动生产，不准其乱说乱动，并向公安机关及时反映其表现情况之责；但无拘留处罚、驱逐之权。

4.对反革命破坏之场所，应协助公安人员维持秩序，保护现场，以便公安机关进行勘查，但不得变更与处理现场。

治安保卫委员进行工作时，必须严格遵守《治安保卫委员会暂行组织条例》中所规定的四项纪律：

1.遵守政府法令。

2.保守工作秘密，不得泄露。

3.站稳人民革命立场，不得包庇反革命分子，不得挟嫌诬告，不得贪污受贿。

4.团结群众,帮助群众,不得强迫命令,借势欺人。

治安保卫委员会受公安派出所和居民委员会的双重领导,各项工作要遵照公安机关的规定来办理。

(五)调解工作

根据中央人民政府政务院公布的《人民调解委员会暂行组织通则》的规定,人民调解委员会(以下简称调解委员会)是"及时解决民间纠纷,加强人民中的爱国守法教育,增进人民内部团结,以利人民生产和国家建设"的群众性组织,它的任务如下:

1.调解民间一般的民事纠纷和轻微的刑事案件。根据上海人民调解工作的经验,可以由调解委员会调解的案件有下面这一些:

①轻微的侵占、斗殴、伤害、毁损、小额偷窃、欺诈、妨害名誉信用等轻微的刑事案件。

②邻居失和、争吵、妨害别人安宁和卫生等事件。

③关于房屋、土地及水电设备等的争执事件。

④关于欠款、买卖、租借物品及损害赔偿等的私人债务纠纷。

⑤婆媳不和、分家、继承及赡养等家庭纠纷。

⑥夫妻不和、离婚,及给付生活费、抚养费等婚姻纠纷。

⑦调解其他适于调解的案件。

但是如下一些案件就不应由调解委员会调解,而应由人民法院处理:性质比较重要、情节比较复杂、影响比较重大的民事纠纷,以及牵涉劳资关系、公私关系和外侨、宗教等的纠纷;重大的刑事案件,如重大的伤害、杀人、抢劫、伪造印信文书、贪污渎职、反革命活动、破坏经济建设等案件,以及像妇女被迫自杀、奸淫幼女等的案件。

2.通过调解工作向居民进行法律、法令的宣传教育,使居民了解法律、法令,提高他们的政治觉悟,加强他们的守法观念,增强人民内部团结,以预防和减少居民之间的纠纷和犯罪行为的发生。

调解委员会在进行调解工作时,必须遵守《人民调解委员会暂行组织通则》中所规定的原则:①必须遵照人民政府的政策、法令进行调解;②必须取得双方当事人同意,不得强迫调解;③必须了解调解不是起诉必经的程序,不得因未经调解或调解不成而阻止当事人向人民法院起诉。

调解委员会还必须遵守下面三项纪律:①禁止贪污受贿或徇私舞弊;②禁

止对当事人施行处罚或扣押;③禁止对当事人有任何压制、报复行为。

调解委员会调解案件,要利用生产空隙时间,应倾听当事人的意见,深入调查研究,弄清案情,以和蔼耐心的态度、说理的方式,进行调解。

调解工作要根据案件的性质和当事人的思想情况来进行。有些案件适宜用个别调解的方式来调解,像小的口角纠纷、有关本人名誉或者当事人不愿意公开的纠纷等。在调解这些纠纷时,调解委员可先找当事人做个别谈话,进行说服教育,弄清案情真相,辨明是非,并适当地批判错误思想,然后再约双方当事人一同到场面谈,使双方取得一致的意见,以便合情合理地解决他们的纠纷。凡是较大的纠纷,或者当事人无理纠缠、需要当众评理说服的案件,可以召开小型的家庭座谈会或邻居座谈会,用当众调解的方式,来进行调解。在调解像夫妻、婆媳不和,以及姑嫂、兄弟之间发生的家务纠纷等案件时,可约集当事人家庭里的人,或者当事人接近的亲戚朋友,举行座谈,在会上进行法律、法令的教育,开展批评与自我批评。

凡经过调解的纠纷,不论调解是否成立,都须将当事人姓名、性别、年龄、籍贯、成分、职业、住址,以及纠纷事实、调解结果、调解日期等登记在调解民间纠纷登记簿上,以便日后查考。按照法律应该履行一定程序的事件,调解后应当依照法律规定办理手续。如离婚就要向婚姻登记机关办理登记。

调解委员会应采取集体讨论的方式来决定问题,尤其是比较大的纠纷,必须进行专门的讨论。调解委员会在进行工作时要同有关方面密切联系,防止独断专行。

调解的案件也往往会牵涉不住在本居民委员会辖区内的居民,在调查案情时,就不能轻率地去找他谈话。如果调解的案件所牵涉的居民是住在同一个街道办事处辖区内的,要事先同街道办事处联系,取得街道办事处的同意,才能向他去了解;如果不是住在同一街道办事处辖区的,要由本街道办事处向该居民所属的街道办事处介绍,并取得同意,才能去向他了解。如果不是住在同一个区人民委员会辖区的,调解工作要经过两地街道办事处的同意后,由双方调解委员会联合来进行。

调解委员会要遵照司法行政机关的各项规定,并且在基层国家行政机关和人民法院的指导和监督下进行工作。

## 六、居民委员会的工作方法

居民委员会要做好工作,就要研究和掌握正确的工作方法。关于居民委

员会的工作方法,这里提出下面三点,供大家参考:

**(一)依靠居民群众做好工作**

毛主席教导我们,做工作要走群众路线。这是居民委员会在进行工作时首先应该注意的事。

居民委员会要做好工作,就要善于同群众商量,听取群众的意见,了解群众的要求;要依靠群众,发动群众来进行工作。居民委员会是居民选举出来为居民办事的组织,如果所办的事不为居民所需要,那就要脱离群众。有人说:"走群众路线我是懂的,但理论是理论,实际是实际。譬如说,我们要替居民打防疫针,有些老顽固死也不愿意,我们只好强迫命令。反正打针对他有好处。如果要同他商量,我们一辈子也完不成打针的任务。"这种说法是不对的。因为凡是国家机关进行的工作都是对居民有好处的,但在居民中,有些人的确还没有认识到对他们的好处,这就要求居民委员会事先同居民商量,听取居民的意见,然后研究讨论出一个使居民能普遍接受的办法,并发动居民中懂得的人去进行宣传,发动老年人对老年人进行工作,发动妇女对妇女进行工作,工作才能做好。也就是说,我们要做好工作非走群众路线不可。

有人说:"居民委员会的工作,如果事事要同群众商量,一来太麻烦,二来居民会提出奇奇怪怪的要求,反而使我们不好办事。"这也是不对的。同群众商量,不是增加麻烦,而是减少麻烦。如果事先没有同群众商量,有些居民思想不通,工作就难办,这不是因为没有同群众商量,增加了麻烦吗? 在同群众商量的过程中,的确会有人提出一些办不到的要求,但只要大家很好地进行讨论,是可以向他解释清楚的。应该相信,多数居民是了解我们的工作的意义的,通过讨论,正确的意见会得到支持和采纳,不正确的意见会受到批评。

居民委员会的工作人员要经常同群众联系,了解居民的情况。譬如协助政府进行救济工作,如果不了解群众的情况,会救济得不适当。国家机关往往根据居民委员会的意见来进行工作,如果居民委员会没有经过调查了解,随随便便地说张三李四可以救济,结果不仅国家救济款用得不得当,而且会在群众中造成不良影响。要主动地去了解居民的情况,不要只等待居民自己来向我们反映情况,如果对平常接近我们的人就了解一点,对平常不接近我们的人就不了解,这样,在进行工作时就容易偏在接近我们的一方,使不声不响的、不善于接近我们的老实人吃亏。所以,居民委员会要经常地、主动地、有计划地分工来联系居民,了解居民的情况。

依靠居民群众做工作,要订出简便易行的制度和办法。居民们各有各的工作和家庭事务,如果居民委员会订出许多复杂的工作办法,结果居民无法办到,工作就做不好。过去上海居民委员会在这方面有过教训:有些居民委员会把居民群众看成国家机关工作人员一样,天天发动群众,一天三四个会,要居民们参加,时时发表格,要居民填写,这样忙一阵子后,工作还是没有什么结果。因此工作的制度和办法一定要切合实际。譬如居民委员会不必每天办公,委员们没有这样多的时间来办公;居民委员会的委员联系群众不是依靠办公的,而是靠日常同左邻右舍碰头。许多复杂的办法,反而使居民弄不懂,接受不了。所以,订出简便易行的制度和办法来进行工作,是从依靠群众的思想出发的工作方法。

依靠居民群众做工作,一定要依靠群众的各种组织。现在群众之所以有力量,主要是因为群众有了组织。居民委员会进行各项工作,首先要依靠居民小组。过去上海居民委员会之所以产生工作由几个积极分子单干的现象,就是因为没有依靠居民小组来进行工作。例如清洁大扫除,过去在有些里弄里是由几个卫生委员会来做,他们没有把居民发动起来,因此弄堂刚扫干净,立刻又被弄得满地都是垃圾;而且即使弄堂里扫干净了,屋子里却没有扫干净;如果他们通过居民小组,把居民们发动起来,定期大扫除,大大小小,里里外外,一齐动手,就扫除得干净彻底了。其次,拿上海来说,居民委员会要依靠妇女代表会议。因为里弄中妇女占半数,所以居民委员会对于妇女代表会议反映的意见和要求,要很好地研究和处理。设有妇女委员会的居民委员会,应该认真讨论妇女委员会提出的意见,做出决定交各种工作委员会执行。

(二)要有集体领导的工作制度

居民委员会用委员会的组织形式,就是要发挥集体领导的作用。

集体领导,拿居民委员会来说,就是一切重要问题的决定,必须是在全体居民委员深刻研究和全面讨论的基础上做出的,必须是在集中居民群众智慧的前提下做出的。在居民工作中,也和在其他工作中一样,要反对个人独断专行和包办代替的领导作风,必须实行集体领导的工作制度。譬如街道办事处布置的重要工作应该怎样进行的问题,里弄里发生了有关多数居民的公共福利问题,以及居民委员会主任认为需要讨论的其他问题等,都应当提到居民委员会会议上来解决。上海的居民委员会一般是 1 个月开 1 次会,如有重要的事,可以临时召开。开会以前通知要讨论的内容,以便使委员们准备意见和征求群众的意见。开会时,一般可以利用主任或者委员的家里作会场,不要有什么仪式。居民委员会开会讨论问题,一定要有结果,如果条件许可,可以把会议的决定记录下来,以便日后查考。

居民委员会遇到特别重大的问题,可以召开居民委员和居民小组长的联席会议来讨论和征求意见。通过这样的讨论,既可以听取小组长的意见,又可以使这个工作有更广泛的群众基础。但是这样的会议,不宜经常召开,以免小组长开会过多。

居民委员会的工作要分工负责。不是说因为要集体领导,所以什么事情都要拿到会议上来讨论。如果不论事情大小,不论情况怎样,事事要经过大家讨论决定,那会使工作不能够迅速进行,工作人员的力量不能充分发挥。居民委员会通过工作的实践,要规定分工的范围:哪些事情要委员会讨论决定? 哪些事情由委员、工作委员会(组)负责决定? 已经讨论决定的问题就要由有关工作部门的人员去贯彻执行。各工作部门的负责人要考虑:哪些事情自己可以决定? 哪些事情一定要同主任商量或者由居民委员会来讨论? 对于临时发生的一些紧急事情,可以采取做了之后再报告讨论的办法。譬如说突然发生了火警,有人跌伤了,立刻要把受伤的人送医院,付医院费,按照制度,规定以外的费用要经过居民委员会讨论决定后才能支付,但这时主任或治安保卫、福利工作的负责人可以临时解决一下,事后再报告,由居民委员会讨论。

居民委员会的委员、小组长和其他工作人员,应当把居民委员会看成一个整体。各人虽有各人分担的工作,但大家都是为全体居民的公共福利而工作的,各人的工作是整个工作中的一部分,各个工作部门是整个组织的组成部门,因此所有工作人员都要有整体观念,在工作上要互相联系,互相帮助,遵守制度,遵守纪律,大家共同对工作负责,不可各搞各的,互不关心。居民委员会主任尤其要认识到,居民委员会工作绝不是主任一个人可以做好的,要发挥大家的力量。主任是一个总的负责人,他本人要倾听大家的意见,充分发扬民主,很好地来解决问题,而在日常工作中,所有工作人员则要尊重主任的意见,服从他的领导,有意见可以提出。所有工作人员都必须根据民主集中制来进行工作。

(三)要争取党和政府的领导

居民委员会的工作,必须在中国共产党的地方党委和地方人民委员会的直接关怀和指导、帮助之下才能做好。

　　居民委员会的工作要遵照街道办事处的布置和指示来进行。街道办事处是市级或者区级人民委员会的派出机关,代表人民委员会直接来指导居民委员会的工作的。因而居民委员会在进行工作时要同街道办事处密切联系,要按照街道办事处的规定,向它反映情况,并提出要解决的问题,争取它的直接帮助和指导。

　　居民委员会的治安保卫工作,受公安派出所领导。在日常工作中要同派出所和辖区的户籍员密切地联系,根据公安机关的规定向派出所反映情况和报告工作。居民委员会除接受街道办事处的统一指导外,按照规定,还要接受有关机关的业务指导。

　　居民委员会工作人员要争取党和政府对他们进行政策法令的教育,要经常地进行有关政策法令的学习,这样才能充实自己,把居民工作做好。

## 七、居民委员会同其他组织的关系

　　居民委员会是按居住地区组织的,在同一地区内,除居民委员会外,还有其他组织。居民委员会同其他组织的关系怎样,这个问题是必须明确的。

### (一)同里弄妇女代表会议的关系

　　在上海每一个居民委员会的辖区里,都有一个里弄妇女代表会议的组织;每一个居民小组内,都有一个妇女代表。

　　过去上海里弄中的居民工作和妇女工作,经常分不清。一个工作来了,有些人说应当由居民委员会来做,有些人却说应当由里弄妇女代表会议来做,有时大家抢着做,因此相互间的关系搞得不好。

　　里弄妇女代表会议是街道里弄中的妇女组织,它是民主妇女联合会广泛联系和组织妇女群众的最主要的组织形式。妇女为什么需要单独有个组织呢? 解放以后在中国共产党、人民政府和毛主席的深切关怀下,妇女的地位已有了根本的改变,她们在法律上已享有和男子平等的权利;但由于她们长期受封建的压迫和束缚,她们所受的封建思想的影响是比较深的。因此必须建立妇女代表会议,把妇女组织起来,以便通过这一组织更好地对她们进行教育,维护她们的权益,解决她们的特殊问题。在街道里弄里,为了便利妇女群众反映自己的问题,为了更好地对妇女群众进行教育,就要建立一个最了解、最关心、最体贴妇女的组织,这个组织就是里弄妇女代表会议。

　　上海里弄妇女代表会议的工作任务是:

1. 发动妇女响应政府号召，教育妇女遵守法律、法令，提高妇女的社会主义思想觉悟，支持国家的社会主义建设和社会主义改造事业，以贯彻国家在过渡时期的总任务。

2. 团结妇女，了解妇女的情况，向居民委员会和上级妇联及其他有关方面反映妇女群众的意见和要求，提出意见和建议。

3. 逐步解决妇女群众的特殊问题，并教育、关怀和支持妇女与残存的封建思想做斗争。

里弄妇女代表会议的委员会由妇女代表互相推荐 3 个到 7 个委员组成，正副主任由委员互推，如果委员只有 3 个，就推 1 个主任。委员不再做业务分工，经常分头同代表进行联系。

各个时期的中心运动和里弄居民中的日常工作，都由居民委员会统一领导，里弄妇女代表会议的委员会不另外作布置；有必要的时候，里弄妇女代表会议的委员会也可以召开妇女代表会议，传达和讨论要进行的工作，听取妇女群众的意见，发动妇女群众在居民委员会的统一领导下积极地进行工作。对于有关妇女的特殊问题，像妇婴卫生的宣传问题、托儿站问题、调解婚姻案件的问题等，里弄妇女代表会议的委员会应进行研究和讨论，提出意见和建议，交居民委员会讨论决定后，由有关的工作委员会去贯彻执行。如果妇女代表会议所提出的意见同居民委员会有出入，可以提到街道办事处和上级民主妇联去研究解决。

里弄妇女代表会议对于开展居民委员会的工作是有很大的帮助的，居民委员会要积极帮助妇女代表会议做好工作。

在没有里弄妇女代表会议的城市，居民委员会下面设立的妇女工作委员会，它的职务同里弄妇女代表会议相同。

（二）同机关、团体、学校、工厂、企业的关系

在居民委员会的辖区里，往往有国家机关、学校、工厂、企业等单位。居民委员会同这些单位之间的关系怎样，这也是要搞清楚的。

国家机关、学校和较大的工厂企业等单位一般不参加居民委员会。因为这些单位的群众已经有了组织，政府已经可以通过这些单位的组织对他们进行工作，获得他们的协助，接受他们的监督；国家的法律、法令也可以通过这些单位的组织贯彻到他们中间去；这些单位本身的问题自己能解决，或可由它们的上级或主管部门解决。它们的工作虽然很忙，但它们应派代表参加所在地

居民委员会所召集的与其有关的会议,并遵守居民委员会有关居民公共利益的决议和公约。同这些单位有关的问题,居民委员会应当去征求它们的意见。

居民委员会同这些单位联系时,应当照顾到它们的工作和生产,注意不要麻烦它们。这样做对于我们整个城市工作是有好处的。这些单位在可能的情况下,也应当尽量帮助居民委员会做好工作,不要看不起居民委员会,只有这样,才能得到居民的尊重。

## 八、居民委员会的经费

居民委员会在进行工作时,要使用经费。在上海,过去因为对于居民委员会经费的使用范围、来源和管理办法没有明确的规定,所以产生了不少混乱现象。居民委员会一般用钱用得太多,浪费了国家和居民的钱财;有些居民委员会采用平均摊派、在水电费上附加等办法来筹集经费,使部分居民不胜负担;在经费的管理上没有制度;产生了贪污浪费的现象。

居民委员会的经费,可以分下面两类。

第一类是公杂费。这是指居民委员会在日常工作中必要的开支,像购买日常工作中用的纸、笔、墨水等的费用,电灯费以及订阅报纸的费用等。这些费用,应该尽量节约。

过去上海居民委员会花钱最多的是在各项运动中租用会场(租用戏院作会场,租金有高达一百多万元一次的)、宣传布置(搭一个彩牌要花几十万),以及文化娱乐活动(办乐队、举行舞会等)等,有些居民委员会甚至还有大笔的招待费用(如买香烟、点心以及拍照等的费用)。用在这些方面的钱以后都不应该再用。这种要排场的做法,在城市最容易发生,大城市的居民委员会应当特别注意。

上海不少居民委员会还租了办公室。这一般是不必要的。居民委员会工作人员联系群众主要通过同居民的日常接触,居民委员会的工作要利用原有的居住条件来进行。

必须用的公杂费是为了协助政府进行工作而用去的,所以由政府按规定的办法来拨发。

第二类是办理有关居民共同福利所需的费用。这是指办理居民群众认为必须要办的事情所需的费用,像修建垃圾箱、修筑公用道路、装水电表等所需的费用。这种经费是依照自愿的原则向有关居民筹募的。为了办理共同福利而筹募经费,必须经过这样的手续:

(一)要由居民讨论同意。要办一桩公共福利事业,不能凭几个人的兴趣,而是要根据居民的需要,凡是可办可不办的事情,就暂时不办。尤其是办要花很多钱的事情,不仅要由居民委员会讨论同意,还要由居民小组讨论同意。

(二)要拟订计划。在进行工作以前,要订出计划,并研究解决这样三个问题:

1.为什么要办这桩事?办了有哪些好处?是不是合算?

2.钱从哪里来?如果要筹募,居民能否负担?怎样分担?

3.钱怎样开支,支付的手续怎样?

(三)要同有关方面联系。一桩事情是不是办得到,要先同有关方面商量一下。譬如修路,要用些什么工具,技术上有没有问题,能否发动居民自己来做,关于这些问题要同有关机关商量,并请它们给予帮助。这些问题都解决了,就可以把计划确定下来。

(四)向街道办事处、市或者区人民委员会打报告,请求批准。国家机关对于居民委员会的经费的筹募,有调查和审核权。报告批准之后,才能筹募经费。

(五)要公布账目。在工作结束后,费用的收支账目,要向居民公布。除公布收支单外,居民委员会还要把经费的收支情况向居民小组长或居民群众讲清楚。居民可以提出意见和要求审查账目。

居民委员会管理经费要有制度。过去上海有些居民委员会的钱放在居民委员会主任的口袋里,账记在主任的脑子里,结果弄得糊里糊涂。居民委员会的经费,一般可以由福利委员会指定一个会记账的、可靠的人来管理。现款要存到人民银行去,支票要由居民委员会主任和福利委员会主任(或者福利委员)盖章。买东西要有发票,收支要上账。政府规定发给的公杂费,要按照规定的制度领取和报销。

除以上费用外,还有政府发给的生活补助费。居民委员会工作人员中有一部分目前生活上还有困难,他们的生活问题必须随着国家社会主义建设事业的发展而逐步得到解决。目前政府规定,居民委员会主要工作人员工作繁重、生活困难的给予一定的生活补助费。这种生活补助费不是每一个居民委员会都有的,补助的办法政府有专门的规定。

居民委员会的经费,居民委员负责人员应切实地管理和掌握。居民委员会不能随便向居民摊派经费,增加居民的额外负担。今天国家正集中力量进行各项建设事业,随便花费居民的钱财是不允许的。居民委员会在使用经费中要贯彻厉行节约的精神,反对任何铺张浪费的现象;对于贪污、挪用经费等不法行为要严加防止。居民委员会要在居民群众的监督之下,做好经费的管理工作。

## 九、居民委员会工作的指导问题

城市基层国家行政机关(市辖区、不设区的市的人民委员会)为了加强城市的居民工作,密切政府同居民的联系,根据国家的规定,可以按照工作需要,以街道(包括里弄、胡同等)为单位设立街道办事处,作它的派出机关,具体地指导居民工作。

街道办事处的任务是:第一,办理市、市辖区的人民委员会有关居民工作的交办事项;第二,指导居民委员会的工作;第三,反映居民的意见和要求。

市、市辖区的人民委员会和街道办事处,在指导居民委员会的工作上,应当注意下面几个问题:

(一)统一布置工作,交代工作方法

从过去上海居民委员会的情况来看,工作做得很多,成绩也很大,但是工作相当忙乱,因此居民委员会的工作人员不胜负担,工作的效果一般。产生这种情况的主要原因之一,是工作没有统一的领导,也就是说,工作不是统一安排和布置下来的。

居民委员会的工作如果不由领导机关来统一布置和安排,居民委员会就成为各机关、各团体共同使用的"腿"。因为居民委员会是最接近居民的组织,许多要居民做的工作,由各机关、各团体布置下来,最后都集中到居民委员会,同一个时期会有五六个中心工作,几十件急于要办的事一起布置下来。这样,工作自然是办不好的。

市、市辖区的人民委员会在居民工作上首先应当注意到统一布置工作的问题。在一定时期内(一个月、一个季度等)市、市辖区的人民委员会要同有关部门联系,让它们提出对居民工作的要求。并且共同商量,决定哪一个工作作为中心工作,哪些工作应当布置下去,哪些工作可以不必布置下去,统一地做一个安排,统一地布置下去。布置下去的工作不宜太多,因为居民委员会是居民群众的组织,不可能接受和做好很多复杂的工作。各有关部门应该从整体出发来考虑问题,把必须贯彻到居民中去的工作提出来,通过统一的布置去进行。不宜单独向街道办事处和居民委员会布置工作。凡是自己可以进行的工作应当由本部门直接进行。

市、市辖区的人民委员会统一布置工作时,要召开街道办事处主任会议,说明工作的意义、政策方针和具体的做法,并且进行讨论,使街道办事处能够根据市或市辖区的人民委员会的布置,主动研究工作,贯彻执行。市、市辖区的人民委员会也不要把街道办事处看作是一个"打杂差"的机关,天天布置一些发通知、出证明、了解某一件事的具体情况等工作,使街道办事处不能有系统地指导居民工作。

布置居民工作要具体,要使居民委员会的工作人员明白做好这一个工作的道理,搞好这一个工作会产生怎样的效果,搞得不好会产生什么问题,采取怎样的步骤,要注意哪一些问题;如果只交代任务,不交代政策和办法,就会使工作做坏。街道办事处要定期召开居民委员会主任联席会议,传达工作的要求和做法,听取他们对工作的意见和反映的问题,使他们正确地领会领导意图,能正确地去进行工作。

街道办事处和公安派出所是在同一辖区进行工作的,它们的工作对象相同,它们的工作内容往往有密切的联系。因此,街道办事处和公安派出所在工作上必须互相配合,密切联系;在必要的时候,可以由街道办事处主任或者公安派出所所长召集联席会议,解决同双方有关的问题,在工作上要尊重对方的意见,力求密切配合来进行居民工作。

(二)深入了解情况,进行具体帮助

街道办事处指导居民工作,必须深入了解居民委员会的日常工作情况,进行具体的帮助。

在上海,在指导居民委员会工作上,过去自上而下的布置多、检查少,自下而上的反映意见少,因而街道办事处对于居民委员会的情况不能及时掌握,指导工作就不可能做好。

必须了解的是,居民委员会工作人员的工作经验不多,时间少,而居民工作多,所以街道办事处不要把居民委员会当作一个基层行政机关,采取一般的布置办法,对它的工作指导,应当以深入了解情况和进行具体帮助为主。街道办事处的工作干部应该根据居民委员会的分布情况分工联系,一个干部可以联系3个到5个居民委员会,把主要的时间用在深入里弄,进行了解和具体帮助的工作上。

深入了解情况一般可以从这几方面来进行:经常参加居民委员会的会议,

听取居民委员会的意见,根据中心工作,深入工作委员会了解工作的进行情况;有重点地参加居民小组会议和访问居民群众,根据布置的工作,了解居民的意见和要求。街道办事处干部在这些接触中,应当根据国家的政策法令向居民委员会工作人员和居民进行宣传或者解释,要根据居民工作人员和居民的思想情况来说明问题;要虚心地倾听居民群众的意见,意见有出入的时候,要耐心地讲清道理;居民坚持的意见和大多数人的意见应该及时地向街道办事处反映,以便慎重地研究和妥善地解决问题。街道办事处干部不要使自己成为一个"钦差大臣",而是要成为一个群众热忱欢迎的联系工作者。

深入了解情况的目的是要及时掌握基本情况和及时发现问题。街道办事处掌握了基本情况,才能根据街道里弄居民的特点和不同的要求来进行工作,才能防止一般化的不切实际的工作布置。要透彻地了解基本情况,必须有计划、有重点地进行。必需自己深入下去,切不可单纯依靠"填表格"来了解。对于布置下去的工作,要及时了解它的效果,尤其是要及时了解居民对于工作的意见,这对领导机关研究改进工作、克服缺点、纠正错误是极有帮助的。在领导机关有了新的指示时,要深入下去,先在一两个点进行具体帮助,发挥居民群众的智慧,来创造具体的工作经验,以指导其他里弄的工作。

(三)经常培养教育积极分子

经常培养教育积极分子,是街道办事处的重要任务之一。

居民委员会是依靠居民中的积极分子组织起来的,居民工作做得好坏,同有没有培养教育积极分子的关系很大。在上海,过去有些居民委员会的工作做得不好,就是因为没有培养积极分子,由一些坏分子担任工作,甚至于被残余的反革命分子钻空子,把好事办成坏事,居民群众的积极性不能发挥出来。因此街道办事处对于培养教育积极分子这一工作应该重视。

第一,要从工作中发现积极分子。工作是"试金石",通过较长时期的考察,可以从工作中不断地发现忠实地、热心地为群众服务的积极分子。居民群众工作经验不多,本身还存在着一定的缺点,不可能把工作件件做好,所以不能根据某一项工作的好坏来评定积极分子,应当从各项工作中全面地考察,根据一贯的工作作风和工作成绩来评定积极分子。

第二,要注意培养和教育。居民中的积极分子,极大部分是劳动人民,他们工作非常积极,可是办法不多,因此必须经常地培养他们,鼓舞他们的工作热情,有计划地教育他们,使他们在工作和学习中逐步地提高自己,成为能干的工作人员。如果条件许可,街道办事处可以进行训练工作,对居民中的积极分子讲解居民委员会的各项工作,并让他们讨论;在进行各项工作的时候,指导居民委员会总结工作,研究工作中的经验和教训,以提高工作人员的工作能力。

对于积极分子,一定要防止"光使用,不教育"的偏向。要了解积极分子的思想,他们有顾虑、有困难的时候,要及时地帮助他们解除顾虑,解决困难。居民委员会工作人员,思想认识不一致,文化程度不同,有不同的生活负担,不同的家务劳动,所以必须根据这些不同的情况来对他们进行培养与教育。必须认识到,只有依靠居民中的积极分子,才能做好城市居民工作。

**图书在版编目(CIP)数据**

中国城市街道与居民委员会档案史料选编 / 毛丹主编. —杭州：浙江大学出版社，2019.10
ISBN 978-7-308-19377-1

Ⅰ.①中… Ⅱ.①毛… Ⅲ.①城市居民委员会—档案资料—汇编—中国 Ⅳ.①D638

中国版本图书馆 CIP 数据核字(2019)第 229808 号

**中国城市街道与居民委员会档案史料选编**

毛 丹 主编

陈 军 任 强 哈 雪 副主编

| | |
|---|---|
| **责任编辑** | 陈佩钰 陈逸行 |
| **责任校对** | 高士吟 程曼漫 严 莹 许晓蝶等 |
| **封面设计** | 周 灵 |
| **出版发行** | 浙江大学出版社 |
| | （杭州市天目山路 148 号 邮政编码 310007） |
| | （网址：http://www.zjupress.com） |
| **排 版** | 浙江时代出版服务有限公司 |
| **印 刷** | 浙江印刷集团有限公司 |
| **开 本** | 710mm×1000mm 1/16 |
| **印 张** | 134.5 |
| **字 数** | 2440 千 |
| **版 印 次** | 2019 年 10 月第 1 版 2019 年 10 月第 1 次印刷 |
| **书 号** | ISBN 978-7-308-19377-1 |
| **定 价** | 618.00 元 |